WENN **ALLES** AUS **NICHTS** IST,
WOZU DANN **SCHOKOLADE**

Für Amaia

ANDREAS KISSENBECK

WENN ALLES AUS NICHTS IST, WOZU DANN SCHOKOLADE

Ein neuer Blick auf Mensch und Kosmos

BÜCHNER-VERLAG
Wissenschaft und Kultur

MIX
Papier | Fördert gute Waldnutzung
FSC® C089473

Andreas Kissenbeck
Wenn Alles aus Nichts ist, wozu dann Schokolade
Ein neuer Blick auf Mensch und Kosmos

ISBN (Print) 978-3-96317-392-9
ISBN (ePDF) 978-3-96317-954-9

Satz und Umschlaggestaltung: DeinSatz Marburg
Bildnachweise Umschlagmotiv: Einzelbilder von www.freepik.com
Druck und Bindung: Beltz Grafische Betriebe GmbH, Bad Langensalza
Beltz Grafische Betriebe ist ein Unternehmen mit
finanziellem Klimabeitrag (ID 15985-2104-1001).
Die verwendeten Druckmaterialien sind zertifiziert als FSC-Mix.
Printed in Germany

Bibliografische Informationen der Deutschen Nationalbibliothek
Die Deutsche Nationalbibliothek verzeichnet diese Publikation in der Deutschen Nationalbibliografie, detaillierte bibliografische Angaben sind im Internet über http://dnb.de abrufbar.

www.buechner-verlag.de

INHALT

Die 15 zu diesem Buch komponierten Musikstücke haben wir Ihnen an den entsprechenden Stellen im Text über QR-Codes zugänglich gemacht. Einfach mit dem QR-Code Scanner Ihres Handys oder Tablets abscannen und los gehts. Wenn Sie dies nicht wünschen, gibt es zwei Möglichkeiten:

1. Geben Sie in Ihrem Internetbrowser ein:
   youtube.com/@schokoladekissenbeck

2. Verwenden Sie den hier abgedruckten QR-Code:

Beide Möglichkeiten führen Sie zu einer Playlist mit allen Musikstücken, sodass Sie diese auch wie bei einer CD nacheinander hören können.

Alles, Nichts und Schokolade
(Einleitung)

Herzlich willkommen! Schön, dass Sie da sind. Naja, eigentlich sind Sie ja gar nicht da. Zumindest nicht so, wie Sie es sich möglicherweise vorstellen. Wie dem auch sei. Sie haben dieses Buch nun aufgeschlagen, um ein wenig darin zu lesen. Aber, wie soll ich es Ihnen sagen? Mit dem Lesen ist es so eine Sache. Buchstaben, Wörter und Sätze existieren eigentlich gar nicht. Fast hätte ich gesagt, sie existieren nur in Ihrem Kopf. Bloß existiert Ihr Kopf eigentlich auch nicht. Zumindest nicht so, wie Sie vielleicht denken. Gehören Sie zu den Menschen, die glauben, dass Rechenmaschinen rechnen und Schachcomputer Schachspielen können? Meinen Sie vielleicht sogar, Sie hätten sich aus freiem Willen entschieden, dieses Buch zu lesen? Wie kann ich es Ihnen schonend beibringen? All das stimmt wahrscheinlich nicht. Spätestens jetzt stellt sich die Frage, ob Sie das Geld für das Buch nicht besser für etwas anderes ausgegeben hätten. Aber da kann ich Sie beruhigen. Geld existiert eigentlich auch nicht. Herzlich willkommen! Schön, dass Sie da sind.

Abb. 1: Supercomputer »Deep Thought« in der Romanverfilmung von Douglas Adams' »Per Anhalter durch die Galaxis« (1981)

Im Roman »Per Anhalter durch die Galaxis« des britischen Autors Douglas Adams ist 42 die von einem Supercomputer nach einigen Millionen Jahren Rechenzeit gegebene Antwort auf die Frage »nach dem Leben, dem Universum und dem ganzen Rest«.

Und genau dieser Frage nach dem Leben, dem Universum und dem ganzen Rest werden wir in diesem Buch nachgehen. Sie ist schon einigermaßen verflixt. Unabhängig davon, ob wir sie aus physikalischer oder philosophischer Perspektive beleuchten: Wir erkennen, dass unsere Welt und wir selbst völlig anders sind, als wir es uns intuitiv vorstellen. *Nichts ist, wie es scheint.* So lautet das Motto, wenn wir uns beispielsweise anschauen, woraus Materie besteht oder woher unser menschliches Bewusstsein kommt, ob wir freien Willen haben oder ob wir in einer Computersimulation leben. Und doch werden wir am Ende zu unserem ursprünglichen Blick auf die Welt zurückkehren. Denn für jeden von uns existiert die Welt nur so, wie sie sich uns zeigt und wie wir sie wahrnehmen. Somit lautet das Motto gleichermaßen: *Alles ist, wie es ist.*

Lied ohne Melodie

Naturwissenschaft, Philosophie, Mathematik und Religion, ja sogar Psychologie und Informatik, all dies wird uns begegnen. Gleichwohl, bleiben Sie heiter, dieses Buch ist keine Abhandlung darüber. Es ist eher ein Stück Musik. Nein, nicht die Musik, die Sie sich mittels der QR-Codes anhören können. Das Buch selbst soll Musik sein. Dem Text kann man natürlich den Klang nicht entnehmen. Aber es kann gelesen werden wie die Worte eines Liedes. Auch wenn die Melodie gerade nicht zu hören ist, geht es bei einem Liedtext vor allem um das Sinnliche. Reizvoll ist, was zwischen den Zeilen steht, das Rätselhafte oder sogar Widersprüchliche. Und in diesem Sinne werden wir den Stand der Wissenschaft betrachten, um unseren Geist durch die wundersamen Rätsel und Widersprüche anzuregen, die unsere Natur zu bieten hat. So können wir uns einen eigenen Reim auf diese herrliche Welt samt all ihrer offenen und möglicherweise niemals beantwortbaren Fragen machen. Lassen Sie sich anstecken von der Faszination für all das, was wir wissen, was wir nicht wissen und was wir vielleicht niemals wissen werden.

Abb. 2: Grafische Darstellung der Mandelbrot-Menge mit ihren charakteristischen »Apfelmännchen«

Betrachten wir also die Welt wie ein Kunstwerk.[1] Aber wie macht man das? Eine Möglichkeit besteht darin, es im Sinne der alten Griechen zu tun. Für sie ging es in der Kunst um *Harmonie* und *Vollendung*, um *Symmetrie* und *Ebenmaß*. Davon haben wir in unserer Welt nun jede Menge.[2] Denken wir zum Beispiel an all die vollendeten Formen in der Biologie oder die vielen Symmetrien in der Physik. Letztere sind sogar so wichtig, dass Physiker konkret nach ihnen suchen.[3] Auch in der Mathematik finden wir häufig Phänomene voller Harmonie und Ebenmaß. Ein Beispiel ist die sogenannte Mandelbrot-Menge, die bei grafischer Darstellung eine unendliche Menge an ähnlichen, aber niemals gleichen Bildern erzeugt.[4] Die charakteristischen schwarzen Formen darin werden als »Apfelmännchen« bezeichnet. Wenn wir im Verlauf dieses Buches auf solche Phänomene stoßen, nehmen wir einmal den Blickwinkel der alten Griechen ein. Machen wir uns bewusst, wie ein Tempel oder eine Vase aus dem antiken Griechenland auf uns wirkt. Wir können uns auch vorstellen, wie diese Dinge damals auf die Menschen gewirkt haben mögen. Speichern wir dies ab und erleben Harmonie und Vollendung, Symmetrie und Ebenmaß bewusst auf *diese* Weise, wenn sie uns später begegnen.

Wir können unsere Welt auch im Sinne eines ästhetischen Verständnisses auffassen, wie es bis zum 19. Jahrhundert gängig war. Dabei ging es um das *Schöne*, das *Erhabene* und die *sinnliche Erkenntnis*. Schauen wir uns zum Beispiel eine Fotografie des Adlernebels im Sternbild Schlange an. Seine Schönheit hat ihn zu einem der bekanntesten und berühmtesten Motive der Astronomie werden lassen. Wenn wir versuchen, uns seine Länge von 89.870.000.000.000 Kilometern vorzustellen, können wir spüren, wie erhaben er ist. Seine drei Säulen aus interstellarem Gas und Staub tragen

Abb. 3: »Die Säulen der Schöpfung« im Adlernebel

den sinnlichen Namen »Säulen der Schöpfung«. Lassen wir uns beim Lesen dieses Buches auf das Schöne, das Erhabene und das Sinnliche ein, das den Dingen innewohnt.

Wir können unsere Welt auch mit einem modernen Kunstverständnis betrachten. Heutzutage kann jeder Gegenstand Kunstwerk sein. Ein prominentes Beispiel dafür ist die Readymade-Kunst. Das Konzept beruht auf der bloßen Auswahl von Alltagsobjekten, an denen keine oder kaum Bearbeitungen vorgenommen werden. So wurde zum Beispiel von Marcel Duchamp, einem Vorreiter der modernen Kunst, das Vorderrad eines Fahrrades einfach dadurch zu einem Kunstwerk erklärt, dass es in einer Ausstellung präsentiert wurde. Dies bringt ein modernes Kunstverständnis zum Ausdruck, nach dem ein Kunstwerk nicht aus sich selbst heraus, sondern durch den Kontext zu einem solchen wird. Kunst ist folglich etwas, das dazu geschaffen wird, um sich *in einem Kunstkontext der Bewertung des Betrachters auszusetzen*. Schauen wir uns unsere Welt aus dieser Perspektive an.

Vielleicht denkt nun jemand, wenn unsere Welt dazu *geschaffen* wurde, um sich der Betrachtung auszusetzen, brauchen wir dann nicht einen Schöpfer? Nicht unbedingt. Wenn Sie nicht daran glauben, stellen Sie sich die Welt und die Phänomene, die sie beherbergt, als ein Readymade vor. Dann ist alles einfach schon da. Sie stellen die Dinge dann aus und erklären sie zum Kunstwerk. So sind Sie Künstler, Galerist und Betrachter zugleich. Nehmen Sie für einen ersten Versuch die »Kleinsche Flasche«.[5] Sie ist eigentlich ein mathematisch erdachtes Objekt, mit der philosophisch interessanten Eigenschaft, dass innen und außen nicht unterschieden werden können. Oder anders formuliert, sie besitzt nur eine einzige Seite, die gleichzeitig innen und außen ist. Darüber hinaus ist sie ein echtes Readymade, denn sie ist im freien Handel erhältlich.

Abb. 4: Kleinsche Flasche (1881)

Geben Sie der beschriebenen Welt beim Lesen einen Kontext, der sie zum Kunstwerk macht. Um Ihnen im Verlauf des Textes dabei zu helfen, werden immer wieder Kunstwerke dargestellt, die Parallelen zu dem gerade erörterten Phänomen aufweisen. Manchmal sind es nur gleiche Wörter im Titel, meist aber auch tiefere Bedeutungen. Anhand dieser Kunstwerke können Sie die Haltung eines Kunstbetrachters einnehmen, um mit dieser dann den Blick auf die beschriebenen Facetten von Mensch und Kosmos zu richten.

Genauso verhält es sich mit der zu diesem Buch komponierten Musik. Auch sie soll die sinnliche Dimension vertiefen. Probieren Sie es gleich einmal aus. Geben Sie unserer Welt und all ihren Kreisläufen des Entstehens und Vergehens einen künstlerischen Kontext. Stimmen Sie sich ein mit dem musikalischen Rahmenthema dieses Buchs.

Mus. 1: Eternal Cycle of Growth and Decay

Alle Wege führen nach Dresden

Zu Beginn des 20. Jahrhunderts galt Dresden mit seinen 26 Schokoladen- und Zuckerfabriken als Schokoladenhauptstadt Deutschlands. Und in welcher Reihenfolge auch immer Sie dieses Buch lesen, Sie landen letztlich immer bei dem Schlusskapitel »Die Zuckerfee« und dem dortigen Abschnitt »Die Schokolade«. Natürlich können Sie dem Text von vorne nach hinten folgen. Es ist aber auch möglich, sich einfach treiben zu lassen und wie ein Künstler seinen inneren Impulsen nachzugehen. Vielleicht interessieren Sie gerade Fragen zum menschlichen Bewusstsein mehr als die, woraus unsere Materie besteht. Möglicherweise möchten Sie zunächst erfahren, ob die Menschenrechtskonvention auch für humanoide Roboter gelten soll oder ob Gott etwas derart Schweres erschaffen kann, dass er es selbst nicht hochzuheben vermag. Wenn Sie das eine gelesen haben, mag sich die Neugier auf das andere einstellen, und so kommen Sie von einem zum anderen. Vielleicht brauchen Sie nach einem Abschnitt eine Pause. Dann nehmen Sie sich einen Tee und wechseln in einen anderen Bereich.

Wenn Sie gern querbeet lesen, hier ein Überblick über den Inhalt der Hauptkapitel:

- **Vier Minuten Dreiunddreißig** – Die Welt der Materie.
- **Unter Wölfen** – Die Welt des Bewusstseins.
- **Rose ist eine Rose ist eine Rose** – Die Welt der Bedeutung und der Dinge
- **Die Gretchenfrage** – Die Welt des Diesseits und des Jenseits.
- **Die unendliche Geschichte** – Die Frage nach der Unendlichkeit des Universums
- **Die hängenden Gärten der Semiramis** – Die erstaunliche Verschmelzung unterschiedlicher Weltanschauungen in einem unendlichen Universum.
- **Die Zuckerfee** – Der Blick zurück in die Welt des Alltags.

Vom Rotwein und vom Kopf im Sand

Behandeln Sie dieses Buch wie einen kräftigen Rotwein. Vermutlich würden Sie diesen nicht in einem Zug austrinken. Denn das intensive Buketts könnte Ihre Geschmackszellen überfordern, sodass Ihnen die Lust vergeht. Um den Wein zum Erlebnis zu machen, nehmen Sie eher einen kleinen Schluck, lassen ihn auf der Zunge zergehen und geben ihm dann Zeit zum Nachwirken. Am besten Verköstigen Sie dieses Buch genauso. Gehirnzellen zu überfordern führt nämlich auch zu Lustverlust. Mensch und Kosmos verbindet der Reiz des Rätselhaften. Um sich diesen zu erschließen, braucht es Muße. Lesen Sie zum Beispiel einen Abschnitt vor dem Zubettgehen, lassen Sie dann ein wenig die Gedanken kreisen und schlafen eine Nacht darüber.

Ach und noch etwas: Psychologische Studien zeigen, dass bestimmte Worte in der Lage sind, die Intelligenz mancher Menschen spontan herabzusetzen. Das Wort »Mathematik« ist das Paradebeispiel schlechthin. Es lässt manch altes Schultrauma wieder aufleben und führt zu einer Art mentalem Totstellreflex. Das Hirn steckt den Kopf in den Sand. Kennen Sie das? Dann haben Sie nun die Möglichkeit, Ihre Vergangenheit aufzuarbeiten. Wenn Sie hier etwas wirklich nicht verstehen, gehen Sie beruhigt davon aus, dass es niemand kann. Unsere Welt funktioniert nämlich im Kern überhaupt nicht so, wie wir es aus unserem Alltag kennen. Sollte es Ihnen also mal das Hirn verdrehen, freuen Sie sich. Dann ist alles richtig bei Ihnen angekommen.

Von Sternen und Sternchen

Wenn wir auf künstlerische Art erleben wollen, was Wissenschaftler in den Sternen sehen, finden Anmut und Poesie oft ein jähes Ende, wenn wir von »Wissenschaftstreibenden« sprechen oder Gendersternchen setzen. Daher lässt sich diese Sprachentwicklung hier nicht anwenden. Es ist ein wenig so wie bei der Kabarettistin Lisa Eckhart. Sie sieht ihre künstlerische Mission als »versöhnend« und verwehrt sich gleichwohl gegen »metrische Taktlosigkeiten«. Der Wunsch, die Menschen gleichermaßen anzusprechen, und die Notwendigkeit einer Sprachästhetik, die zum Gesagten passt, sind manchmal schwer miteinander zu vereinbaren. Denn zwischen ihnen herrscht etwas, das uns in diesem Buch noch oft begegnen wird: Eine Pattsituation.

Vier Minuten dreiunddreißig
(Die Welt der Materie)

Abb. 5: Eine Seite aus David Tudors Rekonstruktion der Originalpartitur von John Cages »Vier Minuten dreiunddreißig« (1952)

»Vier Minuten dreiunddreißig« (4'33") heißt das klanglose Musikstück in drei Sätzen des amerikanischen Avantgarde-Komponisten John Cage aus dem Jahr 1952. Während der gesamten Dauer der Komposition wird kein einziger Ton gespielt. Dadurch wird die gängige Auffassung von Musik in Frage gestellt. 4'33" wurde so zu einem populären Schlüsselwerk der Neuen Musik. Es regt seither Zuhörer wie Komponisten und Interpreten gleichermaßen zum Nachdenken über Musik und Stille an. Natürlich hat dieses Stück eine Kontroverse erzeugt. Und doch sind die Reaktionen der Zuschauer überwiegend positiv. Sie zeugen meist von einer starken sinnlichen Erfahrung.[6] Aus dem akustischen *Nichts* entfaltet sich offenbar etwas, das für das Menschsein von *Bedeutung* ist.

Alles in allem beschäftigen wir uns in diesem Buch mit der Frage, *was wir sind.* Wir Menschen und unsere Welt, die uns umgibt. Sie lässt sich natürlich nicht so einfach beantworten. Daher fangen wir erst einmal klein an und fragen, *aus was wir sind.* Dazu werden wir uns in diesem Kapitel anschauen, aus welchen Zutaten sich unsere Welt zusammensetzt. Das mit dem Anschauen ist allerdings auch nicht so leicht. Schließlich sind die elementaren Bausteine unserer Natur so klein, dass wir sie in keinem optischen Mikroskop dieser Welt sehen können. Es ist sogar noch komplizierter. Was wir zum Anschauen bräuchten, wäre Licht. Und das besteht gerade aus den Bausteinen, die wir betrachten wollen. Nun hat unsere Spezies Mensch jede Menge schlauer Köpfe hervorgebracht, die sich von solchen »Kleinigkeiten« nicht haben aufhalten lassen. Und so werden wir nun eine Reise ins Universum des allerkleinsten antreten, um zu sehen, was Forscher dort gefunden haben. Um es vorwegzunehmen (Achtung Spoiler-Alarm!), sie fanden … [*Spannung*] … gewissermaßen … [*Tusch*] … NICHTS.

Stimmt, das ist nicht viel. Wobei es sich schon um ein besonderes Nichts handelt. Eigentlich sind es ganz viele Nichtse. Aber auch keine Garnichtse. Eher Nichtse mit Eigenschaften … also sowas wie … ok, fangen wir einfach ganz von vorne an.

Pointillistischer Blick

Das Bild »La Tour Eiffel« des französischen Künstlers Georges Seurat aus dem Jahr 1889 gehört zu einer Stilrichtung in der Malerei, die als Pointillismus bezeichnet und dem Neo-Impressionismus zugerechnet wird. Dabei werden ausschließlich Punkte auf die Leinwand gesetzt. Seurat malt seine Punkte so, dass die abgebildeten Gegenstände erst an Schärfe gewinnen, wenn sie von einer größeren Entfernung aus betrachtet werden. Darüber hinaus bestehen die Punkte nur aus wenigen Grundfarben. Die Farbmischungen entstehen daher ebenfalls erst ab einer gewissen Distanz.

Um uns der Frage, aus was wir sind, anzunähern, beginnen wir mit einer kleinen Aufwärmübung. Sie soll uns einen neuen Blickwinkel eröffnen, aus dem heraus wir die Gegenstände um uns herum anders betrachten können. Dazu erinnern wir uns kurz an unseren Chemieunterricht. Hatten Sie nicht? Macht nichts. Sie haben sicher schon einmal gehört, dass alles aus Atomen besteht. Und dass diese Atome einen Kern haben, um den herum kleine Elektronen sausen. So ähnlich wie der Mond um die Erde oder die Sterne um die Sonne. Nur eben viel kleiner und viel schneller.[7] Wenn wir uns die Größenverhältnisse in so einem Atom anschauen,

Abb. 6: Georges Seurat: »La Tour Eiffel« (1889)

sehen wir … naja, fast nichts. Wäre ein Atom so groß wie ein Fußballstadion, dann läge der Atomkern klein wie ein Reiskorn im Anstoßkreis. Die Elektronen hingegen wären noch viel kleiner und flögen auf Höhe des letzten Tribünenranges außen herum. Und was ist dazwischen? Nichts!

Das ist ganz schön viel Nichts. Da fragt man sich doch gleich, warum nicht alles in sich zusammenfällt. Das wiederum hat mit den Elektronen zu tun. Aus der Schule wissen wir doch noch, dass diese sich gegenseitig abstoßen. Das bedeutet, die um den Kern herum sausenden Elektronen halten die Atome auf Abstand.[8]

Unsere Aufwärmübung besteht nun darin, uns unsere Welt einmal mit einem bestimmten Blick anzuschauen. Betrachten wir dazu zunächst das Bild des Eiffelturms von Georges Seurat. Lassen wir dabei die Punkte in unserer Phantasie langsam kleiner werden. Viel kleiner. Es werden auch immer mehr Punkte. Gehen Sie mit Ihrer Vorstellungskraft bis an Ihre Grenze. Der Eifelturm ist nun eine unvorstellbar große Zahl an unvorstellbar kleinen Punkten. Und dies ist ja nur ein klitzekleiner Bruchteil. Der Eiffelturm besteht nämlich vor allem aus dem dazwischen liegenden Nichts.

Nun schauen Sie sich mit diesem pointillistischen Blick einmal um. Da ist nun nur noch ein Gewusel von mikroskopischen Punkten (Atomkernen & Elektronen). Dort, wo vorher Gegenstände waren, ist das Gewusel etwas dichter. Dazwischen wo die Luft ist, ist es hingegen weniger dicht. Aber überall ist vor allem eins: Jede Menge *Nichts*.

Kunstkugeln

Abb. 7: Peter Schwenk: »Kunstkugeln« (2004)

Die »Kunstkugeln« von Peter Schwenk aus dem Jahr 2004 weisen verschiedene Grundtypen auf. Diese unterscheiden sich durch Größe, Gewicht sowie auch durch andere spezifische Eigenschaften. Sie füllen die Wiese als zweidimensionalen Raum mit Inhalt und strukturieren diesen.

Unser Warmup hat uns schon einen ersten Eindruck vermittelt, dass die Dinge nicht so sind, wie sie scheinen. Unsere Welt besteht offenbar aus einer Menge Nichts, in dem sich vereinsamte Atomkerne und Elektronen tummeln. Intuitiv haben wir da so kleine durch den Raum sausende Kugeln im Kopf. Aus was aber bestehen diese Kugeln? Schauen wir uns erst einmal an, wie viele verschiedene Arten von Kugeln es gibt. Es könnte ja sein, dass sie aus etwas Unterschiedlichem bestehen. Vielleicht wissen Sie, dass Atomkerne aus Protonen und Neutronen zusammengesetzt sind, die sich ihrerseits aus zwei Arten von sogenannten Quarks bilden. Also Elektronen und zwei Quarks, das sind die drei unteilbaren Kugeln, aus denen unsere gesamte Materie besteht.

Drei Kugeln, ist das wirklich alles? Wenn Sie es genauer wissen wollen, lesen Sie die Endnoten.[9] Selbst, wenn wir hier nicht ins Detail gehen, sind wir noch nicht ganz fertig. Unsere Kugeln wechselwirken miteinander – sprich, sie üben Kräfte aufeinander aus. Dies geschieht mittels sogenannter Austauschteilchen. Die Kräfte werden also durch den Austausch von speziellen anderen Kugeln übertragen.[10] Die Kraftübertragung, kann man sich wie folgt vorstellen: Wenn sich zwei Leute in je einem Boot befinden und sich gegenseitig eine Kugel zuwerfen, entfernen sich die Boote dadurch voneinander. Bei jedem Wurf und jedem Fangen wird eine abstoßende Kraft übertragen. Nun kann der Austausch von kraftvermittelnden Teilchen aber auch eine Anziehung bewirken. Das kann man sich wie das Zuwerfen eines Bumerangs vorstellen. Dadurch wird bei jedem Wurf und jedem Fangen eine anziehende Kraft übertragen.

Abb. 8: Zwei Leute in je einem Boot

Beschleicht Sie auch gerade ein komisches Gefühl? Das Bild der Kugeln ist zwar anschaulich, aber man muss schon arg viel Fantasie mitbringen. Erschwerend kommt hinzu, dass die kraftvermittelnden Teilchen keine Masse haben. Das müssen schon wahre Kunstkugeln sein, wenn sie ohne selbst Masse zu haben, andere Kugeln anschieben können. Und das mal in die eine und mal in die andere Richtung.

Wir merken, dass Elementarteilchen letztlich keine normalen Kugeln sein können. Es gibt viele weitere Phänomene, die dies bestätigen.[II] Manche davon werden uns später noch begegnen. Aber schon jetzt zeichnet sich ab, dass unsere Materie eigentlich *nichts Gegenständliches* ist. Manche Physiker sagen daher etwas salopp: Materie besteht nicht aus Materie. Die Kugeln sind nur ein Bild. Dieses hat uns ein Stück des Wegs in die Welt des Kleinsten begleitet. Doch je weiter dieser Weg führt, desto mehr wird klar, dass dieses Bild nicht stimmen kann. Wir brauchen ein anderes als Begleiter für das Kommende.

Dauerwelle

Abb. 9: Katsushika Hokusai:
»Die große Welle vor Kanagawa« (1830–1832)

»Die große Welle vor Kanagawa« (jap. 神奈川沖浪裏 Kanagawa oki nami ura) ist der Titel eines Farbholzschnitts des japanischen Künstlers Katsushika Hokusai. Manches in diesem Bild wirkt überzeichnet, um die Macht der Naturgewalt zum Ausdruck zu bringen. Und doch sieht man den harmonisch weichen Übergang zwischen den Wellen, die sich zu Bergen aufschaukeln, und den sie umgebenden Tälern. Und inmitten dessen befindet sich der Mensch.

Ein weiteres schwerwiegendes Argument gegen die Kugeln liefert das berühmte Doppelspaltexperiment. Stellen wir uns vor, wir strahlen Licht auf eine Platte mit *einem* Spalt. Dann sehen wir auf einer dahinter liegenden Wand natürlich *einen* hellen Streifen. Dieser entspricht in etwa der Projektion des Spalts. Das ist nicht weiter verwunderlich. Die Lichtteilchen (Photonen) fliegen einfach durch den Spalt hindurch und setzen ihre gerade Flugbahn dahinter fort. Soweit, so gut.

Nehmen wir nun eine Platte mit *zwei* Spalten, so sehen wir auf der Wand … ? Leider nein, nicht zwei Streifen. Stattdessen sind es *viel mehr*. Die Streifen liegen auch nicht auf den geraden Projektionslinien hinter den beiden Spalten. Das Bild entspricht vielmehr einem Interferenzmuster. Inter*was*? Ist zwar Latein, aber nicht schwer. Wir kennen das vom Urlaub am Meer. Wenn eine Wasserwelle gegen eine Wand mit zwei Spalten

Abb. 10: Aufbau Doppelspaltexperiment

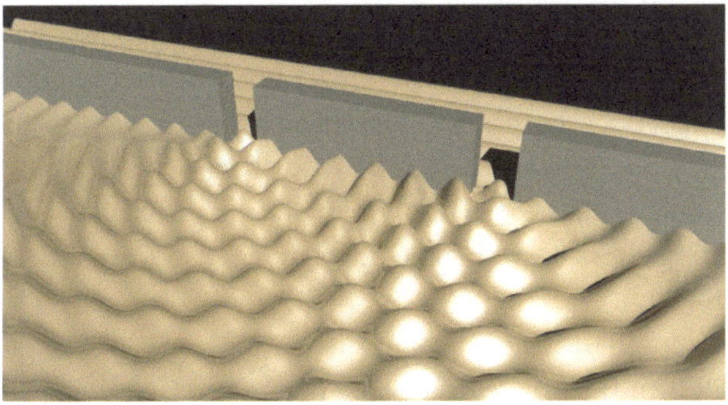

Abb. 11: Interferenzmuster von Wellen hinter einem Doppelspalt

läuft, entstehen dahinter zwei neue kreisförmige Wellen. Diese überlagern sich, wodurch ein ganz neues Wellenbild entsteht. Lässt man die Wellen nun auf eine dahinter liegende Wand prallen, so sieht man Streifen, an denen die Wellen höher schwappen. Dieses Bild entspricht genau dem des Lichts auf der Leinwand. Offensichtlich verhält sich Licht bei zwei Spalten plötzlich nicht mehr wie Teilchen, sondern wie Wellen.

Ist das nicht sonderbar? Vielleicht ist das so, weil Photonen »nur« Austauschteilchen sind, die die Kräfte zwischen »richtigen« Teilchen übertragen. Um das zu klären, hat man das Experiment mit Elektronen, Protonen, ganzen Atomen, ja sogar mit größeren Molekülen wiederholt. Und, was kam heraus? Immer wieder das Wellenmuster.

Das Doppelspaltexperiment hat den Forschern ziemliches Kopfzerbrechen bereitet. Um der Sache auf den Grund zu gehen, haben sie es auf verschiedene Arten weiterentwickelt. Lesen Sie bei Interesse die Endnoten.[12] Wir wollen hier nicht weiter auf Details eingehen. Nur soviel: Die Ergebnisse wurden immer verrückter. Das Ende vom Lied war, dass aus Sicht der meisten Forscher nur eine Erklärung übrigblieb. *Jedes einzelne Teilchen nimmt alle denkbaren Wege in unserem Universum gleichzeitig, interferiert dabei mit sich selbst und landet dann entsprechend dem Wellenmuster auf der Leinwand.*

Steigen Sie gerade aus? Willkommen im Club. Unser Hirn ist für sowas nicht gemacht. Das wäre ungefähr so, wie wenn Sie morgens zur Arbeit fahren und alle Wege gleichzeitig nehmen. Dabei löschen Sie sich auf vielen dieser Wege selbst gegenseitig aus. Am Ende nehmen Sie dann jenen Parkplatz, der damit zu tun hat, welcher Weg sich mit welchem ausgelöscht hat. Klar? Machen Sie sich einen Tee und freunden Sie sich mit dem Gedanken an, dass man das nicht verstehen kann.

Also gut, Welle. Und aus was besteht diese Welle? Jetzt müssen Sie nochmal tapfer sein. Die Welle besteht aus Wahrscheinlichkeiten von Eigenschaften.[13] Das ist verrückt, aber nicht ganz so schwer zu verstehen, wie es aussieht.

Normalerweise haben Dinge in unserer Welt klar bestimmte Eigenschaften. Einen bestimmten Ort, eine bestimmte Geschwindigkeit, eine Temperatur etc. In der Welt des Kleinsten hingegen sind die Eigenschaften unbestimmt. Die Dinge haben einen unbestimmten Ort, eine unbestimmte Geschwindigkeit etc. Aber die Eigenschaften sind nicht *völlig* unbestimmt. Man kann die Wahrscheinlichkeit der Eigenschaft bestimmen. Zum Beispiel befindet sich ein Teilchen theoretisch überall im Universum, nur mit unterschiedlicher Wahrscheinlichkeit. Aus der Welle lässt sich ableiten, mit welcher Wahrscheinlichkeit sich das Teilchen an einem bestimmten Ort befindet. Bei einem Wellenberg oder Wellental ist die Wahrscheinlichkeit hoch, dazwischen ist sie gering. Und wenn verschiedene Wellen sich überlagern (interferieren), dann entstehen neue Berge und Täler.[14] Die Überlagerung der Wellen bewirkt dadurch eine Veränderung der Wahrscheinlichkeit, wo sich das Teilchen aufhält.

So seltsam es klingt, unser Teilchen ist erst einmal nirgendwo konkret, sondern überall gleichzeitig mit unterschiedlicher Wahrscheinlichkeit. Und erst wenn es auf der Leinwand auftrifft, manifestiert es sich dort, wird quasi real und ist dann an der entsprechenden Stelle zu sehen. Willkommen in der erstaunlichen Welt der Quanten.

Und was bedeutet das nun für die Frage, aus was wir sind? Soll das etwa heißen, dass wir aus Wellen von Wahrscheinlichkeiten bestehen? Nicht wirklich. Unser Universum enthält zwar die Teilchen erst einmal nur als eine Wahrscheinlichkeit, aber sie können sich manifestieren und daraus bestehen wir. Aber aus was sind dann die manifestierten Teilchen?

Scheinbar stößt hier auch das Bild der Wellen an seine Grenzen. Die Wellen hatten ja bereits das Bild der Kugeln auf dem Weg in die Welt des Kleinsten abgelöst. Um diesen Weg weiter zu beschreiten, brauchen wir offenbar noch ein anderes Bild als Begleiter.

Felderlandschaft

Abb. 12: Egon Schiele: »Felderlandschaft« (1910)

Der Maler Egon Schiele gehört eigentlich zu den Expressionisten der Wiener Moderne. Sein Gemälde »Felderlandschaft« mutet hingegen eher impressionistisch an. Interessant ist bei der Bildgestaltung, wie er die unterschiedlich bestellten Äcker des Kreuzbergs bei Krumau abbildet. Schieles Felder bestehen ausschließlich aus den verschiedenen Grundfarben des Bildes. Er verzichtet auf Farbverläufe. Jedes Feld entspricht also genau einer spezifischen Farbe.

Anstatt als Kugeln oder Wellen lassen sich unsere Elementarteilchen besser als Vibrationen von Feldern verstehen. Na, dann ist ja jetzt alles klar. Okay, nicht wirklich. Willkommen in der Quantenfeldtheorie. Quanten *was*? Also, mal wieder ganz langsam. Die Grundidee ist recht einfach. Zum einen steckt in den besagten Vibrationen die Wellenidee aus dem vorangegangenen Abschnitt. Zum anderen ist der Name Programm, es geht um quantisierte Felder. Schauen wir uns zunächst einmal an, was Felder sind. Zwei Beispiele kennen wir alle. Das elektrische Feld, das uns manchmal in trockener Luft die Haare zu Berge stehen lässt. Und das Magnetfeld, das Kompassnadeln bewegt. So ein Feld ist offenbar nichts Gegenständliches. Salopp könnte man also sagen, es ist eine Art Nichts, das etwas macht.

Die Quantenfeldtheorie versteht nun die Teilchen als Anregungen (Vibration, Schwingung) eines Feldes. Jedes Teilchen entspricht dabei genau einem spezifischen Feld. So gibt es das Elektronenfeld, das Quarkfeld, das Gluonenfeld, das Higgsfeld etc. Ein Elektron ist beispielsweise eine Anregung irgendwo im Elektronenfeld.

Soweit, so gut. Jetzt wird es nochmal wild. Die Quantenfeldtheorie geht davon aus, dass *alles was passieren kann, auch tatsächlich passiert.* Von wegen »Alles kann, nichts muss«. Das Motto lautet: Alles muss, was kann. Konkret heißt das zum Beispiel, wenn ein Teilchen von A nach B fliegt, ist dies ja eine Vibration in seinem Feld. Diese breitet sich *auf allen erdenklichen Wegen* gleichzeitig aus. Es sind also unendlich viele unterschiedlich wandernde Vibrationen zur selben Zeit. Diese löschen sich aber überwiegend gegenseitig aus, sodass nur die eine in gerader Linie verlaufende Vibration übrigbleibt.

Jetzt können wir auch verstehen, woher unsere Teilchen die Naturgesetze kennen. Sie kennen sie nämlich gar nicht. Sie machen einfach alles. Dabei löscht sich das meiste gegenseitig aus. Und in dem, was übrigbleibt, sehen wir Menschen dann bestimmte Gesetzmäßigkeiten (hier die Regel der geradlinigen Flugbahn).

Klingt nach einer fixen Idee. Schwer zu glauben, dass all diese unendlich vielen Ausbreitungswege tatsächlich existieren. Aber das können wir leicht experimentell zeigen. Schießen wir beispielsweise ein Lichtteilchen (= Photon = Vibration im Photonenfeld) schräg auf einen Spiegel. Dann gilt – das kennen wir noch aus der Schule oder vom Billard – »Einfallswinkel gleich Ausfallswinkel«. Zerkratzen wir nun den Spiegel an ein paar Stellen, so vergisst das Photon scheinbar diese Regel und fliegt in einem etwas anderen Winkel vom Spiegel weg. Natürlich hat das Photon die Regel nicht vergessen. Es hat sie ja nie gekannt. In Wirklichkeit werden nur *nicht mehr alle* möglichen Ausbreitungen vom Spiegel reflektiert. Folglich können sich dann manche der unendlich vielen Ausbreitungen der Vibration im Photonenfeld nicht mehr wie vorher auslöschen und übrig bleibt unterm Strich eine andere Ausbreitung.

Na gut, alles muss, was kann. Müssen dann nicht aber auch alle möglichen Anregungsstärken vorkommen? Ja, ganz genau. Aber aus bestimmten physikalischen Überlegungen und Berechnungen heraus[15] ergibt sich, dass wieder nur ganz bestimmte Anregungen übrigbleiben. Nämlich eine »Grundanregung« und deren doppelte, dreifache usw. – sprich, deren Vielfache. Dies nennt man Quantisierung. Daher der Name *Quanten*feldtheorie. Und genau diese Quantisierung messen wir bei Experimenten. Wir finden dort Teilchen mit exakt derartig quantisierten Energieniveaus.

Jetzt verstehen wir auch, warum alle Teilchen (z.B. Elektronen) immer und überall im Universum genau gleich sind. Es gibt diese verschiedenen Elektronen eigentlich nicht. Sie sind alle die quantisierte Anregung ein und desselben Elektronenfeldes. Und diese existiert immer und überall im Universum. Jedes Teilchen ist folglich gleich, nur mit einem unterschiedlichen Quantum an Energie.

Es wird noch ein bisschen verrückter. Selbst wenn gerade gar kein Teilchen da ist, können *alle Anregungszustände* eines Feldes vorkommen. Allerdings mit unterschiedlicher Wahrscheinlichkeit. Dabei sind geringe Anregungen wahrscheinlicher als heftige. Und so sind die meisten Anregungen geringer als die Grundanregung, was folgenlos ist. Nur manchmal, da kann es doch zufällig dazu kommen, dass die Grundanregung erreicht wird (noch seltener ein Vielfaches davon). Dann entsteht ein Teilchen spontan aus dem Nichts. Und tatsächlich, so etwas gibt es. Experimente bestätigen, dass das Vakuum keineswegs Nichts ist, sondern etwas sehr Aktives, in dem Teilchen permanent entstehen und vergehen können. Physiker sagen daher manchmal: »Nichts beschäftigt uns so sehr wie das Nichts.«

Und es geht noch weiter. Auch bei einer Wechselwirkung zwischen zwei Teilchen passieren *alle möglichen Wechselwirkungen* gleichzeitig und werden wieder gegeneinander aufgewogen. Ein Beispiel: Wir kennen das: Zwei Elektronen stoßen sich wegen ihrer gleichen Ladung gegenseitig ab. Die Quantenfeldtheorie erklärt genauer, dass zwischen den zwei Elektronen alle Möglichkeiten der Wechselwirkung durch Botenteilchen – teils anziehend, teils abstoßend – stattfinden. Da statistisch gesehen die abstoßenden die Überhand haben, bleibt unter dem Strich die Abstoßung übrig.

Die Beispiele zeigen, auf welcher völlig verrückten Grundidee die Quantenfeldtheorie fußt. Sie beschreibt unser Universum als die *Synthese aus allen möglichen Szenarien* auf der Ebene des Kleinsten. Schluck Tee?

Zugegeben, so haben wir uns die Welt wohl alle nicht vorgestellt. Sind Sie noch ein bisschen ungläubig? Das ist verständlich. Trotzdem, die Quantenfeldtheorie ist die am genauesten experimentell bestätigte Theorie der Physik. Aber was sagt sie uns darüber, aus was wir sind? Offenbar trifft die saloppe Formulierung von oben recht gut zu. Felder sind eine Art Nichts, das aber etwas macht. Dieses Nichts meint nicht Vakuum. Nichts meint eher … jetzt fehlen mir fast die Worte. In der Fachsprache nennt man es wohl … Tropen.

Tropen, Wirkchen, Wölkchen

Abb. 13: Paul Gauguin: »Tropische Vegetation, Martinique« (1887)

Der französischer Maler Paul Gauguin gilt als Mitbegründer des Synthetismus. Die synthetistische Kunst bildet die Wirklichkeit ab durch die Synthese dreier Ebenen: Erstens die äußeren Erscheinungen der Natur. Zweitens die dadurch hervorgerufenen Gefühle. Und drittens die ästhetische Reinheit von Formen und Farben. Für eine solche Synthese innerhalb der Wahrnehmungs- und Vorstellungswelt des Künstlers wurden die Naturbilder nicht vor Ort, sondern aus dem Gedächtnis heraus gemalt. Dabei entstanden oft stark vereinfachte Bilder. Auch in seinem Naturbild »Tropische Vegetation, Martinique« aus dem Jahr 1887 löste Gaugin sich von der bloßen gegenständlichen Abbildung der Natur. Farben, Textur und Komposition wirken nicht natürlich. Sie sind Zeugnis eines inneren Erlebens. Dargestellt ist somit die Wirkung der Wirklichkeit.

Es wird Zeit, dass wir auf den Punkt kommen. Schließlich ist letztlich immer noch unklar, aus was wir sind. Offenbar besteht unsere Welt aus angeregten Feldern. Aber was heißt das genau? Schauen wir uns einmal an, was Felder wirklich sind. Wenn man es präzise ausdrücken möchte, könnte man sagen, ein Feld weist jedem Punkt im Raum eine bestimmte Eigenschaft zu. So wie beispielsweise eine Wetterkarte, die für jeden Ort die Temperatur (also einen Zahlenwert) angibt. Oder so wie eine Windkarte, die für jeden Ort Windstärke und Windrichtung (also einen Vektor) angibt. Jedem Punkt im Raum[16] werden so *Eigenschaften* zugeordnet.

Diese Eigenschaften der Raumpunkte machen nun etwas. Das kann man schön bei einem Magnetfeld beobachten. So richten sich zum Beispiel Eisenspäne entlang der Magnetfeldlinien um einen Stabmagnet aus. Das heißt, auf jeden Span wirkt abhängig von seinem Ort eine Kraft mit einer bestimmten Stärke und Richtung. Das ist sehr schön anschaulich – und doch: Felder repräsentieren nichts Gegenständliches wie die erwähnte Temperatur- oder Windkarte. Der Zahlenwert der Temperaturkarte sagt, wie warm die Luft an einer Stelle im Raum ist. Der Vektor der Windkarte zeigt, wie schnell und in welche Richtung sich die Luft bewegt. Die Karte beschreibt also den Zustand der Luft, und die ist gegenständlich. Das Magnetfeld ist es hingegen nicht, denn es ist auch da, wenn die Eisenspäne weg sind. Ein Feld besteht folglich nur aus bloßen *Eigenschaften der Raumpunkte*[17]. Diese lassen sich durch mathematische Operatoren beschreiben, wie zum Beispiel mit Zahlenwerten oder Vektoren. Teils sind diese Operatoren in der Quantenfeldtheorie allerdings derart abstrakt, dass man sich überhaupt keine anschauliche Vorstellung von den Eigenschaften machen kann.

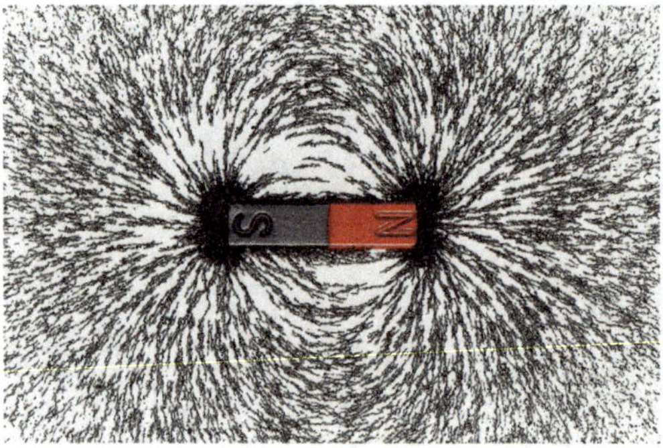

Abb. 14: Eisenfeilspäne richten sich entsprechend der magnetischen Feldlinien aus

Die Philosophie wagt nun einen Sprung. Sie stellt die These auf, *dass unsere Welt nur aus Eigenschaften besteht.*[18] Manche Philosophen springen etwas vorsichtig. Sie sagen, dass es zwar Objekte (also eine Art elementarer Teilchen) gibt, die diese Eigenschaften haben, dass diese Objekte uns aber prinzipiell unzugänglich sind. Alles was wir untersuchen können, sind ihre Eigenschaften. Da uns diese Objekte selbst aber prinzipiell unzugänglich sind, stellt sich die Frage, ob sie dann überhaupt zu unserer Welt gehören.

Andere Philosophen springen etwas mutiger und sagen, dass es überhaupt nur Eigenschaften gibt.[19] Dann stellt sich allerdings eine andere Frage. Nämlich, ob es Eigenschaften geben kann ohne ein Objekt, das diese Eigenschaften besitzt. Manche Philosophen behaupten dies und nennen solche Eigenschaften »Tropen«.

Was ist Ihnen lieber, elementare Objekte, die uns prinzipiell unzugänglich sind, oder Eigenschaften ohne ein Ding, das sie hat? Wir sehen uns hier mit einer unbeantwortbaren Frage konfrontiert.[20] Eine Pattsituation. Versuchen wir daher das Sagbare zusammenzufassen und das Unsagbare zu umgehen.

Unsere Welt konstituiert sich aus einem riesigen Netzwerk aus miteinander wechselwirkenden Eigenschaften. Ob diese Eigenschaften alleine existieren oder es unzugängliche Objekte gibt, die diese besitzen, muss offenbleiben.

Ist das nicht faszinierend? Es ist wie das offene Ende in vielen Geschichten und Romanen. Ein Phänomen, dass uns im Folgenden noch öfter begegnen wird. Nun liegt es bei Ihnen, ob Sie darüber enttäuscht sein wollen, dass unsere bisherigen Erörterungen kein klares Ergebnis liefern oder ob Sie Ihre Fantasie von diesem Mysterium wie von einem Kunstwerk anregen lassen wollen.

In jedem Fall zeigt sich nun, warum wir immer wieder den Begriff des NICHTS ins Spiel gebracht haben. Natürlich kann man sich fragen, was »Nichts« eigentlich ist und ob ein »Nichts mit Eigenschaften« letztlich ein Widerspruch in sich ist. Sind Eigenschaften nicht eigentlich schon etwas? Dies muss wohl auch offenbleiben. Aber wenn wir hier »Nichts« im Sinne des englischen »nothing« als »kein Ding« auffassen, hilft dies zu verstehen, was Teilchen sind. Sie bestehen eben nicht aus irgendeinem gegenständlichen Ding, das Eigenschaften

Mus. 2: Some Nothing, no Something

hat. Ein solches Ding existiert nicht. Zumindest nicht in der uns zugänglichen Welt. Dort gibt es nur die Eigenschaften.

Um dem Sprung der Philosophen Rechnung zu tragen, werden wir im Folgenden eine Wortkreation verwenden und statt von Teilchen lieber von »Wirkchen« sprechen.[21] Dies soll uns immer wieder vor Augen führen, dass Teilchen nicht ein *kleiner Teil* von etwas Gegenständlichem sind. Es handelt sich ja gerade um etwas Nicht-Gegenständliches, nämlich um Eigenschaften. Und zwar Eigenschaften von Wechselwirkungen. Unsere Welt besteht aus *kleinen Wirkungen*, die sich begegnen, gegenseitig aufeinander wirken und dadurch ihre Wirkung verändern. Daran soll uns das Wort »Wirkchen« immer wieder erinnern. Auf diese Weise ebnen wir sprachlich den Weg, um zu erkennen, wie aus diesen kleinen Wirkungen eine Wirklichkeit entsteht.

Wie Wirkchen aussehen? Schwer zu sagen, da sie ja auch nur auf Wirkchen wirken. Aber stellen wir uns die Wirkchen wie im Abschnitt »Pointillistischer Blick« vor. Nur etwas durchsichtiger. Als winzig kleine Nebelwölkchen, die miteinander wechselwirken. Und wenn wir diese dann in unserer Fantasie immer und immer durchsichtiger werden lassen, dann nähern wir uns der Vorstellung des Unvorstellbaren. Das ist dann vielleicht ein passendes Bild, das wir uns von dem, was unserer Welt zugrunde liegt, machen können.

Abb. 15: Berndnaut Smilde

Das abgebildete Werk des niederländischen Künstlers Berndnaut Smilde zeigt Wolken in einem Innenraum. Seine zarte Inszenierung existiert einerseits nur einen kurzen Moment, bevor sie in sich zusammenfällt. Andererseits wird sie als surreal wirkendes Foto festgehalten, was dem Werk gewissermaßen eine Existenz beschert, die über den Entstehungsmoment in Raum und Zeit hinausgeht.

Musk & Matrix

Abb. 16: Zeichencode aus dem Film »Matrix (1999)

Der Science-Fiction-Film »Matrix« aus dem Jahr 1999 spielt mit der Idee, dass das Leben in einer computerbasierten Welt von dem in einer »realen« Welt für die darin vorkommenden Menschen nicht unterscheidbar ist. So erfährt die Hauptperson Neo, dass er nichts weiter als eine Anomalie im Code der Matrix ist. Die grünen Zeichenkaskaden des Matrix-Codes bestehen neben gespiegelten Zeichen aus indischen Ziffern und japanischen Schriftzeichen.

Wirkchen, die auf Wirkchen wirken und dadurch eine Wirklichkeit erschaffen. Erinnert Sie das nicht an etwas? Na klar, das ist doch genau wie beim Computer. Die Bits sind auch kleine Wirkungen, die miteinander wechselwirken. Hätten wir da nicht besser gleich »Information« statt »Wirkchen« sagen können? In gewisser Weise schon. Wir haben den Begriff der Information jedoch vermieden, weil er vielschichtiger ist, als man auf den ersten Blick annehmen würde. Oft beinhaltet Information Fragen nach Sender und Empfänger, nach Codierung und Decodierung sowie allgemein nach Bedeutung. Gerade in der Physik ist der Begriff komplex.[22] Je nach Sichtweise könnte man Wirkchen allerdings schon mit Information gleichsetzen. Wenn aber unser Universum aus Information besteht, kann man dann unser Universum als Computer verstehen? Leben wir in einer Computersimulation?

Der Gedanke geistert schon länger herum, und doch findet er in den Medien immer wieder aufs Neue seinen Platz. Prominente Persönlichkeiten wie beispielsweise Elon Musk machen sich dies zunutze, indem sie mit öffentlichen Spekulationen für Aufmerksamkeit sorgen. Die Idee fasziniert die Menschen und regt ihre Phantasie an. Wir werden uns im Folgenden einmal auf diese Spekulationen einlassen. Dieses Kopfkino lassen wir uns nicht entgehen. Allerdings mit einem gewissen Augenzwinkern. Denn am Ende wird sich die Frage, ob wir in einer Computersimulation leben, als in sich unsinnig entpuppen.

Stellen wir uns also vor, unsere Wirkchen sind die Hyperbits eines Hypercomputers. Dann stellt sich die Frage, ob dieser Hypercomputer einfach so da ist oder ob er von einem (oder mehreren) höheren Wesen entwickelt und programmiert wurde. Wenn er einfach nur da ist, erweist sich der Gedanke als reines Wortspiel. Die Bits sind das gleiche wie die Wirkchen, der Computer ist das gleiche wie das Universum. Wir haben einfach nur neue Worte für die alten Sachen verwendet. Wir landen wieder beim ursprünglichen Weltbild unseres »Universums mit Wirkchen«, nennen es nur »Hypercomputer mit Hyperbits«.

Wenn aber dieser Hypercomputer von einem höheren Wesen betrieben wird, stellt sich die Frage, ob es sich dabei um einen Gott oder ein »ganz normales« höheres Wesen handelt. Wenn es ein Gott ist, erweist sich dies erneut als dasselbe Wortspiel. Höheres Wesen = Gott, Computer = Universum und Bits = Wirkchen. Wir landen somit bei einem gängigen religiösen Weltbild mit einem Gott als Schöpfer, einem Universum mit Wirkchen und sagen dazu höheres Wesen, Hypercomputer und Hyperbits. Letzteres klingt zwar modern und fancy, es ist aber inhaltlich das gleiche wie das, was der Papst sagt.

Wenn es sich nun aber um keinen Gott handelt, wird es interessanter. Jetzt können wir unserer Fantasie freien Lauf lassen. Stellen wir uns eine Hyperinformatikerin an ihrem Hypercomputer vor.[23] Folgt man der Auffassung des prominenten Erfinders und Futuristen Ray Kurzweil, so wird sie uns mit ähnlichen Eigenschaften programmieren wie denen, die sie selbst hat. Dies ist nachvollziehbar. Wenn etwa Produzenten von Science-Fiction-Filmen außerirdische Wesen erfinden, haben diese auch Eigenschaften, die wir aus unserer Welt kennen. Marsmännchen ähneln meist kleinen Menschen, bloß in grün. Ähnlich verhält es sich bei Klingonen und den Borg aus »Star Trek«. Und auch E.T. sieht aus wie ein Reptil mit den Gesichtszügen einer liebevollen Großmutter. Folglich ähneln wir vermutlich auch unserer Hyperinformatikerin in gewisser Weise. Da schau her. Wir können sogar Aussagen über das höhere Wesen machen, das uns programmiert. Vielleicht sollten wir einen Profiler auf die Dame ansetzen, damit der uns noch mehr Details liefert. Würde Sie das nicht auch interessieren … ? Nein! Denn leider führt auch dieser Gedanke nirgendwo hin. Warum? Machen wir einen kleinen Ausflug in die Philosophie.

Dort gibt es den so genannten *Schluss auf die beste Erklärung*. Der besagt: Wenn eine Annahme ein Phänomen besser erklärt als andere Annahmen, dann ist diese eine Annahme mit einer höheren Wahrscheinlichkeit wahr als die anderen. Dazu ein Beispiel: Astronomen fanden heraus, dass sich die Umlaufbahn des Uranus nicht korrekt berechnen ließ. Sie schlossen daraus, dass ein weiterer Planet im Sonnensystem existieren müsse. Dies war die beste Erklärung. Tatsächlich wurde danach der Neptun entdeckt.

Nun zurück zu unserer Hyperinformatikerin. Die Annahme, dass sie existiert, erklärt nichts und schon gar nicht besser. Deshalb ist diese Annahme genauso unwahrscheinlich, wie die, dass hinter Ihnen gerade ein unsichtbares Spaghettimonster steht oder wie jede der unendlich vielen anderen möglichen Annahmen, die nichts erklären. Damit ist die Annahme der Hyperinformatikerin zwar prinzipiell denkbar, sie hat aber eine Wahrscheinlichkeit von Null.

Und warum sollte sie kein Gott sein? Ray Kurzweils Vermutung würde dazu doch auch super passen. Schließlich steht in der Bibel: »Gott schuf den Menschen nach seinem Ebenbild.« Das schon, aber interessanterweise sieht es mit dem Schluss auf die beste Erklärung dann ganz anders aus. Gott ist nämlich eine mögliche Erklärung für die zwei zentralen ungelösten Fragen der Wissenschaft: Woher kommt unser Universum und woher kommt das menschliche Bewusstsein. Oder anders gesagt: Warum existiert etwas und warum existiert jemand? Ein Schöpfer könnte dies erklären. Diese Annahme erscheint vielen heutigen Menschen zwar als recht spekulativ. Manche munkeln gar, dass es eigentlich heißen müsse: »Der Mensch schuf Gott nach seinem Ebenbild.«[24] Und dennoch, die Naturwissenschaft kann die Existenz des Universums und des menschlichen Bewusstseins nicht derart begründen, dass sie den Schluss auf die beste Erklärung klar für sich beanspruchen könnte.

Wir sehen, egal welches Szenario wir annehmen, die Frage, ob wir in einer Simulation leben, erweist sich als Luftnummer. Die Wirkchen unseres Universums verhalten sich entsprechend bestimmter Regeln (Naturgesetze), genau wie Bits in einem Computer. Sagen wir nun, ein Computer ist alles, was Informationen entsprechend bestimmter Regeln prozessiert, so lautet die Antwort: Ja, wir leben in einem Computerprogramm. Wenn wir aber sagen, Computer sind nur die Dinger mit Silikonchips, Binären Codes und den üblichen Betriebssystemen, lautet die Antwort wohl nein. Unser Universum verwendet vermutlich weder Windows noch Mac IOS noch Linux.

Der Satz »Alles ist ein Computerprogramm« ist offenbar inhaltslos. Interessanterweise ist er dies auf die gleiche Weise wie die Aussage »Jeder ist ein Künstler« von Joseph Beuys. Wenn ein Künstler jemand ist, der sich ausdrückt, hat Beuys Recht. Wenn Künstler hingegen nur diejenigen sind, die Exponate in Galerien ausstellen, natürlich nicht. Das Interessante dabei ist aber, dass uns Beuys mit seiner Aussage dazu bringt, neu über die *Inhalte von Kunst* nachzudenken. Und dies ist natürlich von großer kunst-philosophischer Inhaltsfülle.

Von Beuys können wir lernen. Denn auch der inhaltsleere Satz »Alles ist ein Computerprogramm« kann uns dazu bringen, neu nachzudenken. Nämlich über die *Inhalte eines Computerprogramms*. Das sind die Bits, sprich, die Information. Unsere Wirkchen funktionieren offenbar wie eine Art von Bits und sind eine Form von Information. Wenn wir dies auf uns wirken lassen, ohne uns in unsinnige Phantasien von Hyperinformatikerinnen zu verlieren, ist dies durchaus von großer existenz-philosophischer Inhaltsfülle.

Episches Theater

Abb. 17: Berliner Ensemble mit Inszenierung der »Dreigroschenoper« von Bertolt Brecht (2021)

In seiner »Dreigroschenoper« verwirklicht Bertolt Brecht sein Konzept des epischen Theaters. Dabei werden die Zuschauer daran gehindert, sich mit dem Geschehen zu identifizieren. Sie sollen gerade als kritische Betrachter außen vor bleiben. Mittels direkter Ansprache des Publikums durch einen Erzähler, eingeschobener Songs und anderer Effekte wird vermieden, dass sie sich in Raum und Zeit der Handlung verlieren. Die Zuschauer sollen im Hier und Jetzt verbleiben. Dem trägt das Berliner Ensemble in seiner Inszenierung u.a. durch die spezielle Gestaltung des Bühnenbildes Rechnung. Raum und Zeit sollen kein statischer Hintergrund für die ablaufende Handlung sein. Vielmehr werden Raum und Zeit dynamische Faktoren des künstlerischen Gesamtkonzepts.

Können Sie noch? Wenn Ihnen die Dosis Physik reicht, springen Sie gern zum Kapitel »Unter Wölfen«, wo die Philosophie auf Sie wartet. Die folgenden drei Abschnitte werden das Bild unserer Welt lediglich ergänzen. Dabei bestätigt sich auf unterschiedliche Weise, dass unsere Welt aus einem Netz von Wechselwirkungen besteht, die sich völlig anders verhalten, als wir dies von unserer alltäglichen Welt kennen.

Zu diesem Netz gehören auch Raum und Zeit. Und da kommt der wohl berühmteste Physiker überhaupt ins Spiel: Albert Einstein. Er konnte zeigen, dass Raum und Zeit keine stille Bühne für den Ablauf des Universums bilden. Vielmehr sind sie aktive und dynamische Mitspieler im Geschehen der Wirkchen. Wie Einstein auf diesen Gedanken kam? Er ging von experimentellen Beobachtungen aus, die zeigten, dass Licht das schnellste ist, was es im Universum gibt und dass es immer die gleiche Geschwindigkeit hat.[25] Dies führte zu einer scheinbar paradoxen Konsequenz. Wenn etwa ein Autofahrer während der Fahrt das Licht einschaltet, so fliegt das Licht immer noch mit nur Lichtgeschwindigkeit obwohl es ja eigentlich schneller sein müsste. Um diesen Widerspruch zu lösen, kam Einstein auf die geniale Idee, dass Raumlängen und Zeitdauern relativ sind – sprich, vom Bewegungszustand des Betrachters abhängen. Es gibt also keinen absoluten Raum und keine absolute Zeit. Dies konnte er zu einer schlüssigen Theorie zusammenfügen, die jedoch einige erstaunliche Folgen mit sich brachte. Hier drei Beispiele:

- Zeitdilatation: Eine Astronautin fliegt in einem sehr schnellen Raumschiff von der Erde zu einem anderen Stern und zurück. Wenn sie wieder hier ist, wird sie weniger gealtert sein als wir.
- Längenkontraktion: Wenn die Astronautin und wir in dem Moment, wenn sie an der Erde vorbeifliegt, die Länge ihres Raumschiffs messen, wird sie auf einen größeren Wert kommen als wir.
- Gleichzeitigkeit: Wenn wir uns in dem Moment, wenn sie an der Erde vorbeifliegt, gleichzeitige Ereignisse anschauen, wird unsere Astronautin behaupten, sie hätten nacheinander stattgefunden.

Einstein ging noch einen Schritt weiter. In seinen bisherigen Überlegungen war es wichtig gewesen, dass für einen Menschen in einer geschlossenen Kiste nicht auszumachen ist, ob die Kiste sich in Ruhe befindet, oder sich mit konstanter Geschwindigkeit bewegt. Nun realisierte er, dass für den Menschen in der geschlossenen Kiste auch nicht auszumachen ist, ob er gerade von der Erdanziehungskraft gegen den Kistenboden gedrückt wird oder ob er sich schwerelos im All befindet und dort beschleunigt wird, sodass der Boden deshalb diesen Druck ausübt. Diesen Gedanken kombinierte er mit der revolutionären Idee, dass

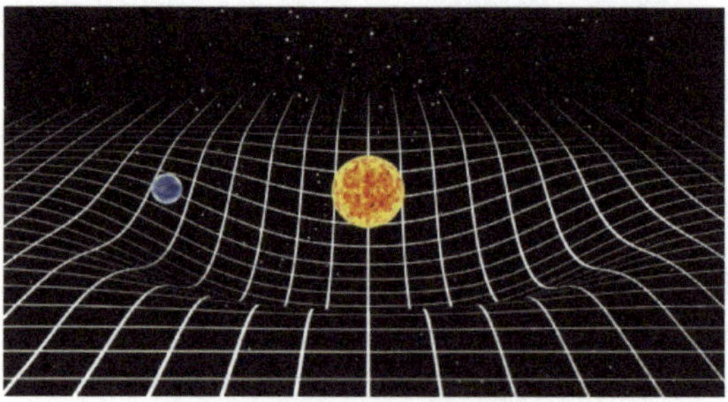

Abb. 18: Raumkrümmung

die Anziehungskraft von schweren Objekten dadurch zustande kommt, dass diese den Raum[26] krümmen. Zur Veranschaulichung dieser Idee wird gerne ein gespanntes Gummituch verwendet. Legt man eine schwere Kugel darauf, wird diese Fläche gekrümmt. Schubst man dann kleine Murmeln auf die gekrümmte Gummifläche, so kreisen diese wie Planeten um einen Stern (s. Abbildung). Dies hatte nicht weniger erstaunliche Konsequenzen.

- Uhren in einem Gravitationsfeld sowie beschleunigte Uhren gehen langsamer.
- Licht ändert seine Farbe im Gravitationsfeld, was man Rotverschiebung nennt.
- Licht wird von Gravitationsfeldern abgelenkt.

Daraus ergaben sich weitere spektakuläre Folgen, die häufig Vorlagen für Science-Fiction-Filme bilden. Dazu gehören allen voran Schwarze Löcher. Dies sind derartig schwere Himmelskörper, dass nicht einmal Licht schnell genug ist, um ihrer Anziehungskraft zu entkommen. Des Weiteren gibt es – Stargate-Fans aufgepasst – in Einsteins Theorie tatsächlich so genannte Wurmlöcher. Diese kann man sich als Tore zu einem anderen Teil unseres Universums oder sogar zu anderen Universen vorstellen. Es wurden zwar noch keine experimentellen Indizien für deren physische Existenz gefunden. Mittels moderner Quantencomputer ließen sie sich jedoch simulieren. Und zwar auf eine Weise, bei der man nicht weiß, inwieweit sich hier zwischen Simulation und Realität unterscheiden lässt. Wenn es Wurmlöcher aber tatsächlich geben sollte, so sind sie sehr instabil. Es ist daher fraglich, ob es prinzipiell überhaupt möglich ist, sie soweit zu stabilisieren, dass man sich durch sie hindurchbewegen kann.

Und dann ist da noch der Warp-Antrieb. Dieser gilt unter SciFi-Fans als der Standardantrieb der intergalaktischen Raumfahrt. Die Idee dahinter ist »einfach«: Wenn sie sich bewegen, krümmen sie den Raum[27] so, dass sich der Abstand zwischen Start- und Zielpunkt verringert. Der Raum muss also vor ihnen gestaucht und hinter ihnen wieder gestreckt werden. Nach heutigem Stand der Wissenschaft erscheint es zwar sinnvoll, diesen Gedanken theoretisch weiter zu verfolgen, die praktische Umsetzbarkeit ist jedoch mehr als fraglich.

So unglaublich Einsteins Erkenntnisse klingen, Experimente zeigen: Es gibt keinen Grund an ihnen zu zweifeln. Raum und Zeit – also das, was wir als stille Bühne des Weltgeschehens empfinden – sind in Wahrheit aktiv am kosmischen Schauspiel beteiligt. Genauer gesagt: Raum und Zeit sind etwas Nicht-Gegenständliches, das mit unseren nicht-gegenständlichen Wirkchen wechselwirkt.

Unsere Dunkle Seite

Jeder hat sie, die dunkle Seite. Und so auch unsere Welt. Bei der Frage, woraus diese besteht, haben wir stillschweigend den Blick auf das gerichtet, woraus beispielweise Sterne, Bäume und wir Menschen bestehen. Gibt es da aber möglicherweise noch mehr? Oh ja, wesentlich mehr. So gehen Wissenschaftler davon aus, dass nur knapp 5 % des Universums aus unseren bisher besprochenen Wirkchen besteht. 27 % hingegen sind so genannte Dunkle Materie und 68 % Dunkle Energie.[28] Wir werden kurz beleuchten, was es damit auf sich hat. Beides heißt dunkel, weil wir es nicht sehen können, sprich, es wechselwirkt nicht mit Licht.

Dunkle Materie ist eine Substanz, die Wissenschaftler angenommen haben, weil sie verschiedene theoretische Probleme lösen würde, wenn es sie denn gäbe. Zum Beispiel ist die Gravitation der sichtbaren Materie zu schwach, um die komplexen Strukturen und Galaxien des Universums zu bilden. Auch gibt es Stellen in unserem Universum, an denen Licht so gebogen wird als wäre dort eine gigantische Lupe. Die Physiker schlossen daraus, dass es dort bestimmte Teilchen geben müsse, die viel Masse haben und damit starke Gravitation ausüben, aber sonst nicht wechselwirken. Obwohl nie solche Teilchen gefunden wurden, war Dunkle Materie von vielen Wissenschaftlern akzeptiert. Einfach aufgrund des bereits erwähnten *Schlusses auf die beste Erklärung*. Und diese Erklärung galt eine ganze Zeit als sehr gut. Mit der Zeit stellte man jedoch fest, dass die Dunkle Materie ihre Schwächen hat. Manche widersprüchlichen Phänomene tauchten auf. Wie frustrierend, mag man sich denken. Aber Physiker praktizieren oft eine besondere Form des Masochismus. Wenn mal wieder ein Theoriegebäude wackelt oder in sich zusammenfällt, freuen sie sich, dass man nun ein neues, besseres entwickeln kann. Und so wird alternativ darüber nachgedacht, unsere Gravitationsgesetze zu modifizieren. Mit diesem

Ansatz lassen sich einige Probleme lösen, doch andere Phänomene bleiben unerklärbar. Es könnte auch sein, dass Dunkle Materie und modifizierte Gravitationsgesetze miteinander kombiniert werden müssen. Auch wäre möglich, dass es sich bei Dunkler Materie um kleine sehr früh im Universum entstandene Schwarze Löcher handelt. Wirklich wissen wir eigentlich nur, dass dort etwas am Werk ist, das mit Gravitation zu tun hat und im Kosmos eine große Rolle spielt.

Dunkle Energie ist hingegen etwas völlig anderes. Wir wissen, dass unser Universum expandiert. Das ist aufgrund des Urknalls nicht erstaunlich. Nun würde man erwarten, dass sich diese Expansion wegen der Gravitation von Materie mit der Zeit verlangsamt, möglicherweise sogar irgendwann umkehrt. Letzteres würde bedeuten, dass das Universum in ferner Zukunft wieder in sich zusammenfällt. Messungen haben jedoch etwas völlig anderes ergeben. Die Expansion des Universums beschleunigt sich. Wo kommt aber die Energie her, die das Universum immer schneller auseinandertreibt? Es muss sich um eine Form von Energie handeln, deren Dichte nicht abnimmt, wenn der Raum größer wird. Bei der Vergrößerung des Raums muss daher entsprechend viel Energie neu entstehen. Es ist unklar, wie das geschieht. Jedoch würde diese Dunkle Energie auch weitere wichtige Phänomene erklären, wie zum Beispiel, dass der Raum in unserem Universum im Großen und Ganzen nicht gekrümmt ist. Die aktuelle Forschung auf diesem Gebiet liefert unklare Ergebnisse.[29] Sicher ist nur, dass auch hier etwas nicht Gegenständliches am Werk ist, das im Kosmos eine große Rolle spielt.

Am seidenen Faden

Abb. 19: Petros Vrellis: »Der Erlöser« (2017)

String-Art ist ein Sammelbegriff für Kunstwerke, die durch das Spannen von Fäden entstehen. Verschiedene Arten dieser recht speziellen Kunstform entwickelten sich in unterschiedlichen Teilen der Welt. Für das Werk »Der Erlöser« von Petros Vrellis wurden die Fäden in einer vom Computer berechneten Weise vom Künstler per Hand verspannt. Es ist beeindruckend, wie ein Objekt unserer Lebenswelt lediglich aus einer Vielzahl von weitgehend gleichen Fäden erwächst.

Zum Abschluss dieses Kapitels soll noch kurz die String-Theorie skizziert werden. Sie ist vielen Menschen wenigstens vom Namen her bekannt.

Forscher sind seit langem auf der Suche nach einer Möglichkeit, die Gravitationskraft in das bestehende Standardmodell der Teilchenphysik zu integrieren und zwar mit einem spezifischen Austauschteilchen, dem Graviton. Dann wäre die Schwerkraft kein Außenseiter mehr, sondern alle Kräfte könnten auf die gleiche Weise erklärt werden. Als vielversprechender Ansatz galt lange Zeit die String-Theorie. Sie beschreibt Teilchen als extrem kleine Fäden. Bestehen wir also aus Fäden?

Die Theorie sagt, dass es Fäden mit offenen Enden gibt, sowie solche, die wie Ringe geschlossen sind. Beide Arten können in sich wie eine Gitarrenseite schwingen. Durch unterschiedlich viele Knotenpunkte ergeben sich bei der Schwingung quantisierte Eigenschaften, wodurch man die Materieteilchen als »offene Strings« und die Austauschteilchen (inklusive Graviton) als »geschlossene Strings« beschreiben kann. Das klingt doch erst einmal gut. Die Theorie kann auch andere Probleme der Teilchenphysik lösen. Diese kommen daher, dass bei Berechnungen gelegentlich absurde Resultate mit unendlich großen Werten herauskommen. Die kann man mittels der Strings loswerden. Allerdings entwickelt die String-Theorie ihre eigenen Probleme. Zum einen macht sie keine Vorhersagen, anhand derer sie experimentell bestätigt oder widerlegt werden kann. Zum anderen sagt sie beispielsweise Teilchen vorher, die wir nicht finden. Daher muss man mehr als drei Raumdimensionen annehmen, die wir aber nicht sehen. Und dies ist symptomatisch für die Theorie. Jede Weiterentwicklung löst Probleme, produziert aber auch neue. Bis heute ist die Theorie nicht widerlegt. Sie bietet aber nach aktuellem Stand derartig viele Möglichkeiten für die Beschreibung eines Universums an, dass es für die Menschheit aussichtslos erscheint, jemals zu prüfen, ob eine davon unserem Universum entspricht.

Und selbst wenn eine dieser Beschreibungen stimmt, was sagt uns die Theorie? Bestehen wir dann aus Fäden? Nicht wirklich. Die Strings sind lediglich ein weiteres Bild unseres menschlichen Geistes von etwas, dass wir nicht anfassen und anschauen können. Strings sind Wirkchen. Genau wie Kugeln, Wellen und Felder. Letztlich sind dies alles Metaphern, die dadurch zustande kommen, dass sich die Eigenschaften der Wirkchen mit mathematischen Gleichungen beschreiben lassen. Und diese ähneln bis zu einem gewissen Grad den Gleichungen, mit denen sich die Eigenschaften einander anziehender Kugeln, schaukelnder Wellen, angeregter Felder oder eben schwingender Fäden beschreiben lassen.

Wir haben gesehen, dass Naturwissenschaftler Phänomene mit Bildern beschreiben, um sich buchstäblich ein Bild von der Welt zu machen. Diese Bilder zeigen selbst keine abschließende Wahrheit. Sie sind aber wertvoll, wenn wir mit unserem menschlichen Geist einer Wahrheit über die Welt näher kommen wollen.

Unter Wölfen
(Die Welt des Bewusstseins)

Neben dem bekannten US-amerikanischen Abenteuerfilm des Regisseurs Joe Carnahan aus dem Jahr 2011 gibt es einen Tatort-Krimi (2020) sowie eine zweiteilige Buchreihe (2019 & 2020) der Autorin Daniela Larcher mit dem Titel »Unter Wölfen«. Allgemein ist der Wolf in der Kunst und im Mythos häufig anzutreffen. Er gilt als Symbol, Bild oder Metapher mit sehr unterschiedlichen Bedeutungen und ambivalenten bis hin zu rätselhaften Zügen. Einerseits steht er für die Dunkelheit und das Böse. Andererseits für Loyalität und Treue, aber auch für Intelligenz und einen starken Willen.

Nachdem wir im Kapitel »Vier Minuten dreiunddreißig« gesehen haben, *aus* was wir sind, werden wir uns nun anschauen, *was* wir sind. Und zwar konkret wir Menschen. Dabei steht im Zentrum unser *Bewusstsein*. Was das mit Wölfen zu tun hat? Nun, zum einen stehen alle in diesem Kapitel enthaltenen Abschnitte auf unterschiedliche Weise mit dem Bild des Wolfs in Beziehung. So werden uns u.a. verschiedene Wölfe begegnen, die für die diversen Sichtweisen stehen, die uns die Philosophie für eine Erklärung unseres Bewusstseins zur Verfügung stellt. Zum anderen bilden Mehrdeutigkeit, Ambivalenz und Rätselhaftigkeit eine wesentliche Gemeinsamkeit zwischen Mensch und Wolf. Schließlich handelt es sich bei unserem Bewusstsein um eines der größten Rätsel unserer Existenz.

Großer Wolf und kleiner Wolf

Abb. 20: Illustration von Olivier Tallec: »Großer Wolf & kleiner Wolf« von Nadine Brun-Cosme (2012)

Großer Wolf & kleiner Wolf« ist eine vierteilige Kinderbuchreihe der Autorin Nadine Brun-Cosme. Sie besteht aus poetischen Geschichten über den rätselhaften Zauber, der in einer jeden Freundschaft liegt, und über das Glück, dem anderen einen unvergesslichen Augenblick zu schenken. Die Geschichten sind von dem Franzosen Olivier Tallec in leuchtenden, mit grobem Pinselstrich gemalten Bildern illustriert. Darin finden reizvolle und ungewöhnliche Perspektivwechsel statt.

Das Geheimnis des menschlichen Bewusstseins setzt sich aus einem großen und einem kleinen Rätsel zusammen. Das kleine Rätsel besteht darin, zu verstehen, wie Bewusstseinsprozesse funktionieren. Das bedeutet, zu klären, welche neuronalen Aktivitäten im Gehirn daran beteiligt sind und wie diese im Detail ablaufen. Obwohl es das kleine Rätsel ist, glaubt niemand ernsthaft, dass es einfach zu lösen sei. Zwar sind wir alle recht geübt im Umgang mit Bewusstsein und Bewusstlosigkeit. Wir meistern den Übergang schließlich jeden Abend und jeden Morgen. Nur haben wir absolut keine Ahnung, wie wir das genau machen. Wir können sogar das Bewusstsein mit Narkotika nach Bedarf an- und ausschalten. Auch lassen wir bestimmte Substanzen unser Bewusstsein erweitern, schärfen oder es von äußeren Reizen abschotten. Medizin, Psychologie und Neurobiologie haben diesbezüglich in der Vergangenheit vieles möglich gemacht. All das erreichen wir jedoch, ohne wirklich zu wissen, wie das Bewusstsein funktioniert. Zum kleinen Rätsel gehört auch die Frage, wie Bewusstsein in der Evolution entstanden ist. Hier gibt es interessante Ansätze, ein abschließendes Verständnis ist aber auch hier nicht in Sicht. In Anbetracht dieser Lage von einem kleinen Rätsel zu sprechen, zeugt von Humor. Der Grund für diese Bezeichnung liegt wohl darin, dass eine Lösung zumindest *im Prinzip* denkbar ist. Unsere Forschung befindet sich auf dem Weg zur Lösung. Die Methoden sind klar. Wenn wir so weitermachen wie bisher, kann es gut sein, dass nachfolgende Generationen irgendwann einmal etwas mehr Klarheit haben werden.

Das ist beim großen Rätsel des Bewusstseins anders. Es besteht in der Frage, warum wir eine *Ich-Erfahrung* haben. Diese Frage kommt zunächst recht unscheinbar daher. Wir alle erleben unser eigenes Ich täglich von morgens bis abends. Diese Selbstverständlichkeit verstellt uns leicht den Blick dafür, dass es sich dabei um ein absolut sensationelles und unerklärliches Phänomen handelt. Warum erlebe *ich* das, wenn bestimmte neuronale Prozesse in meinem Gehirn ablaufen? Wenn Sie das noch nicht kickt, machen Sie folgendes Gedankenexperiment: Bestimmt haben Sie sich schon einmal vorgestellt, in die Haut eines anderen Menschen zu schlüpfen. Spinnen wir diesen Gedanken zum Spaß einmal ein wenig fort. Interessant ist für uns hier nicht der Tausch, sondern dass unser Ich nicht mehr in unserem Körper ist. Dieser Körper würde sich dann trotzdem genauso verhalten wie vorher. Nur wären wir dann nicht mehr dabei. Er würde eventuell auch über sein eigenes Bewusstsein sprechen. Die neuronalen Aktivitäten im Gehirn wären ja die gleichen. Stellen wir uns nun vor, dass wir alle auf genau diese Weise unsere Körper verlassen. Der Lauf der Welt würde sich dann in keiner Weise verändern. Nur wäre keiner dabei. Schon klar, das geht alles nicht. Aber das ist ja gerade der Witz. Weder dass wir in uns drin sind, noch dass wir da nicht rauskönnen, lässt sich begreifen. Und das ist *deshalb* das große Rätsel, weil es prinzipiell unmöglich zu sein scheint, sich dieser Frage irgendwie zu nähern. Es gibt keine Methoden und keine Idee, wie wir auch nur einen einzigen Schritt weiterkommen könnten. Man kann leicht verstehen, warum das so ist. Es gibt nämlich einen fundamentalen Graben zwischen unserer *objekt-*

bezogenen Wissenschaft und unserem *subjektbezogenen Bewusstsein.* Stellen wir uns zum Beispiel vor, unsere Wissenschaftler hätten das kleine Rätsel gelöst. Wir wüssten detailgenau alle Schritte der Evolution sowie die neurophysiologische Funktionsweise unseres Bewusstseins. Dementsprechend könnten wir perfekt erklären, wie es zu solchen Wesen wie uns gekommen ist und warum sie sich gerade so verhalten, wie wir es tun. Dann bliebe immer noch eines völlig ungeklärt: Warum diese Wesen eine Ich-Erfahrung haben.

Mus. 3: Introspection

Großes Rätsel und kleines Rätsel werden uns in den folgenden Abschnitten begleiten. Dort schauen wir uns an, wie unsere Außen- und unsere Innenwelt miteinander in Beziehung stehen. In diesem Zusammenhang begegnen wir drei Wölfen, die jeweils für eine traditionsreiche philosophische Position stehen.

Wolf of Wall Street

Abb. 21: Leonardo DiCaprio in »Wolf of Wall Street« (2013)

Der Film »Wolf of Wall Street« handelt von einem Finanzmakler, der in kaum zu überbietender Weise auf Besitz, Gewinn, Eigennutz und Vorteil bedacht ist. Er zeigt sich unempfänglich für geistige und ideelle Werte. Damit verkörpert er das Paradebeispiel eines Materialisten.

In diesem Abschnitt werden wir Sie fragen, ob Sie ein Materialist sind. Ist Ihnen unangenehm? Seien Sie beruhigt, es geht nicht darum, wieviel

Wert Sie auf Geld, Macht und Ansehen legen. In der Philosophie hat das Wort »Materialist« nämlich eine andere Bedeutung. Der philosophische Materialismus geht davon aus, dass alle Vorgänge und Phänomene der Welt auf Materie (sprich auf Wirkchen) sowie deren Gesetzmäßigkeiten und Verhältnisse zurückgeführt werden können. Unsere Welt ist folglich ein rein von den Naturgesetzen bestimmtes Geschehen. Glauben Sie das? Wenn ja, befinden Sie sich in guter Gesellschaft. Und auch in großer. Der Siegeszug der Naturwissenschaften mit all ihren technischen Errungenschaften hat dieser Weltanschauung großen Zulauf beschert. Früher war die Hand von Göttern die einzig plausible Erklärung für Blitz und Donner. Heute haben wir Gewitter und viele andere mystisch erscheinende Phänomene dank materieller Argumente entzaubert. Da liegt der Schluss nahe, dass sich früher oder später alle Geheimnisse der Welt auf dieselbe Art und Weise lösen lassen. Und so ist der aufgeklärte Mensch von heute oft eher materialistisch eingestellt.

Nun folgt aus dem Materialismus, dass Gedanken, Gefühle und unser Bewusstsein auf Materie zurückgeführt werden können. Schmeckt Ihnen das auch? Hier scheiden sich zumeist die Geister. Manche Menschen gehen bei diesem Gedanken mit, andere lehnen ihn ab, wieder andere winden sich. Den Grund dafür kennen wir mittlerweile ja schon. Es ist das große Rätsel unseres Bewusstseins. Wie soll aus einem Bausatz von vornehmlich Kohlenstoffatomen ein Bewusstsein mit Ich-Erfahrung entstehen? In der Philosophie argumentieren die Vertreter des Materialismus dahingehend, dass wir mit den Untersuchungsmethoden der Neurowissenschaften immer genauer erklären können, wie unser Gehirn funktioniert und auch zunehmend klarer wird, welche Hirnregionen wann an unserem Bewusstsein beteiligt sind. Sie skizzieren auf der Basis bestehender evolutionstheoretischer Erkenntnisse einen Weg, wie im Laufe der Zeit Bewusstsein entstanden sein könnte und wie es sich bis zu seiner heutigen Funktionsweise hin entwickelt hat. Das klingt zunächst einmal vielversprechend.

Andere Vertreter des Materialismus argumentieren mit der Annahme manch führender Informatiker, dass wenn Systeme Information prozessieren können und hinreichend komplex sind, Bewusstsein irgendwann von selbst entsteht. Auch das erscheint zunächst einmal plausibel.

In beiden Fällen wird davon ausgegangen, dass aus der Kombination von vielen kleinen Teilen auf einmal etwas ganz anderes entsteht. Das an sich ist nichts Besonderes. Wir sehen in der Natur immer wieder, wie aus vielen kleinen Elementen mit bestimmten Eigenschaften große Strukturen mit ganz anderen Eigenschaften entstehen. Hier drei Beispiele:

- Aus den nicht gegenständlichen Bausteinen unserer Materie mit ihren quantenmechanisch unbestimmten Eigenschaften ist ein Universum mit handfesten Dingen wie Sternen, Galaxien und einer Wabenstruktur entstanden.
- Aus den thermodynamischen Eigenschaften der Luft- und Wassermoleküle bildet sich das runde Bild eines Hurrikans mit einem Auge in der Mitte.
- Das individuelle Flugverhalten der einzelnen Zugvögel führt zu einem Ornamentenreichtum im Tanz des Schwarms.

Auch wenn wir die Beziehung von Mikro- und Makroeigenschaft oft nicht direkt erkennen, so lässt sie sich doch durch kluge Berechnungen ermitteln. Man kann sie dann auch durch eine Computersimulation rekonstruieren. Das Entstehen der großen Strukturen aus den kleinen heraus wird dadurch mit den Mitteln der Informatik bestätigt.

Warum sollte man da bezweifeln, dass aus der Kombination von neuronalen Zellverbänden oder digitalen Prozessoren ein Bewusstsein entstehen kann? So plausibel es auf den ersten Blick aussieht, bei genauer Betrachtung merkt man, dass diese Argumentationen am Kern des großen Rätsels unseres Bewusstseins vorbei gehen. Sie sind ein Versuch, das große Rätsel mit dem kleinen Rätsel zu lösen. Das aber kann prinzipiell nicht funktionieren. Denn die Forschungsergebnisse, auf die sich die Vertreter des Materialismus berufen, sind *quantitativer* Natur. Sie sind eine *Wieviel-Auskunft*. Die Entstehung der Wabenstruktur des Universums, des Auges des Hurrikans und der Ornamente der Zugvögel, all das lässt sich durch eine Vielzahl an quantitativen Informationen beschreiben. Wie viele Galaxien, wie warme Luftmoleküle, wie hohe Fluggeschwindigkeit der Zugvögel etc. führen zu wie großen Waben, wie schnellen Hurrikans und wie geformten Ornamenten. Die Computersimulationen sind somit grafisch aufbereitete Quantifizierungen.

Unser Bewusstsein hingegen zeichnet sich durch *qualitative* Erlebnisse aus. Man kann zwar theoretisch mit Apparaturen ermitteln, *wie stark* die Zahnschmerzen eines Menschen sind. Aber kein Gerät kann erfassen, *wie* sich Zahnschmerz anfühlt. Sinnliche Erfahrungen von Kunst, Essen, Liebe, Freundschaft, Natur, Sport, Meditation etc. sind grundsätzlich *qualitativer* Natur. Sie gehören zur Essenz des menschlichen Daseins und sind gleichsam die Musik des Lebens. Die quantitativen Prozesse in unserer Welt hingegen sind nur wie die Instrumente, die allein keine Musik erschaffen können.

Und so nützt es wenig, wenn sich mit der Zeit immer besser erklären und am Computer simulieren lässt, wie aus Kohlenstoff Aminosäure-Moleküle wurden, diese sich zu Zellen entwickelten, später dann zu Zellverbänden wurden, letztere dann elektrische Impulse weiterleiteten und dadurch am Ende ein informationsprozessierendes Gehirn aus Nervenzellen entstand. Solche Erfolge auf dem Weg zur Lösung des kleinen Rätsels sind prinzipiell keine Beiträge zur Lösung des großen. *Qualitative Erlebnisse lassen sich grundsätzlich nicht quantitativ erklären.*

Der lange Arm des großen Rätsels des Bewusstseins setzt dem Materialismus zu. Die Naturwissenschaft, die von Materialisten gerne herangezogen wird, läuft mit ihren Argumenten ins Leere. Ist der Materialismus damit widerlegt? Nein, wäre es so einfach, würde über diese Position schon lange niemand mehr reden. Die Unlösbarkeit des schweren Rätsels des Bewusstseins zeigt nur, dass der Materialismus eine Erklärungslücke hat. Nicht aber, dass er falsch ist. Es ist durchaus möglich, dass alle Vorgänge und Phänomene der Welt auf Materie und ihren Gesetzmäßigkeiten basieren. Es kann sein, dass Bewusstsein und Ich-Erfahrung aus rein physikalischen Prozessen heraus entstehen. Nur weil wir das grundsätzlich nicht erklären können, schließt das die Möglichkeit nicht aus, dass es so ist.

Der Materialismus ist ambivalent. Einerseits stützt er sich auf sehr soliden Boden, nämlich auf die empirischen Wissenschaften. Andererseits erweisen sich deren Argumente an entscheidender Stelle als wirkungslos.

Der mit dem Wolf tanzt

Abb. 22: Kevin Costner in »Der mit dem Wolf tanzt« (1990)

Die Literaturverfilmung »Der mit dem Wolf tanzt« erzählt von dem Offizier John Dunbar, der sich während des Amerikanischen Bürgerkrieges auf einen Posten im Grenzland versetzen lässt, wo er Freundschaft mit den Sioux-Indianern schließt und deren Leben sowie deren Kultur kennenlernt. Er zeigt sich mitunter selbstlos, dabei aber auch die Wirklichkeit etwas außer Acht lassend und strebt nach der Verwirklichung bestimmter Ideale. Somit verkörpert er einen typischen Idealisten.

In diesem Abschnitt werden wir nun klären, ob Sie ein Idealist sind. Ja, jetzt wird's persönlich. Aber Sie können ganz locker bleiben. Wir nötigen Ihnen nicht ab, sich zu fragen, ob Sie ein guter Mensch sind. In der Philosophie hat nämlich auch das Wort »Idealist« eine andere Bedeutung. Der philosophische Idealismus geht davon aus, dass die physikalische Welt nur als Inhalt unseres Bewusstseins existiert und somit in sich selbst geistig beschaffen ist. *Der Geist ist das objektiv Wirkliche, wohingegen Materie eine Erscheinungsform des Geistes ist.* Diese Weltsicht empfinden viele Menschen unserer Zeit als abgespaced. Nachdem wir aber gesehen haben, dass der derzeit so beliebte Materialismus gewichtige Probleme mit sich bringt, werden wir schauen, ob uns der Idealismus vielleicht doch interessante Einsichten liefern kann.

Das Kernargument des Idealismus ist griffig. *Wir können nur das untersuchen, was wir erleben.* Nun erleben wir die physikalische Welt mittels unserer Sinneswahrnehmungen und somit durch unser Bewusstsein hindurch. Das bedeutet, wir können eigentlich gar keine physikalische Welt untersuchen, sondern nur die Sinneswahrnehmungen, aus denen sich unser Geist das Bild einer physikalischen Welt konstruiert. Wissenschaft untersucht demnach mentale Konstrukte. Daraus schließt der Idealismus: Es gibt keinen Grund anzunehmen, dass Materie außerhalb von uns existiert. Sie ist in sich eine geistige Erscheinungsform und somit auch nur als solche real. Nichts hingegen ist realer als unser Bewusstsein, da es das ist, was wir am unmittelbarsten erleben.

Macht Ihnen diese Sichtweise Schwierigkeiten? Wenn ja, sind Sie nicht allein. Dies liegt wohl daran, dass es für viele ungewohnt ist, so auf die Welt zu blicken. Versuchen Sie trotzdem einmal, sich zumindest für einen Moment darauf einzulassen. Der Grundgedanke ist nämlich an sich sehr plausibel.

Die Weltsicht des Idealismus erinnert auf den ersten Blick an einen Traum. Wenn wir träumen, ist jeder Gegenstand und jede Person auch ein mentales Konstrukt. Wäre es also möglich, dass es sich im Wachzustand ähnlich verhält? Um sich die idealistische Weltsicht klar zu machen, kann dies eine hilfreiche Vorstellung sein. Trotzdem gibt es wesentliche Unterschiede. Zum einen sind wir in unseren Träumen nicht an irgendwelche Naturgesetze gebunden. Aus dem Schlund eines Löwen wird ein Brunnenschacht, aus einem Regenbogen die Haarschleife eines Kindes. Zum anderen existiert die Traumwelt einzig und allein *im Geist des Träumenden.*

Letzteres ist nun erstaunlich. Denn im Idealismus erscheint die Welt *in allen Geistern.* Aber wie kann das sein? Wenn das Buch in Ihrer Hand gar nicht materiell existiert, warum sieht es dann jeder? Ja weshalb »träumen« wir alle gleichermaßen, dass es aus weißen Seiten besteht, die mit Buchstaben und Bildern bedruckt sind? Hier gibt es nur drei logische Möglichkeiten der Erklärung.

Die erste liefert der solipsistische Idealismus. Solipsismus meint, nur ich allein existiere als bewusstes Wesen. Alle Gegenstände und Wesen sind demnach nur mentale Konstrukte innerhalb meines Bewusstseins. Es ist also genau wie im Traum. Wenn Sie Solipsist wären, hieße das, einzig *Sie* sind ein Jemand in unserem Universum. Folglich sind alle anderen Menschen ein Etwas. Ein mentales Konstrukt. Dies hat lustige Konsequenzen. Denn Sie müssten davon ausgehen, gerade ein Buch von Ihrem eigenen mentalen Konstrukt zu lesen. Das wäre schon verrückt. Wenn hingegen ich als Autor Solipsist wäre, müsste ich davon ausgehen, dass diese Zeilen nur von meinen eigenen mentalen Konstrukten gelesen werden. Das wäre mir ehrlich gesagt die Arbeit nicht wert. Aber wie dem auch sei, rein logisch gesehen ist der Solipsismus schlüssig. Das einsame Ich macht tagsüber das gleiche wie nachts. Nur dass es sich tagsüber eine Welt mit und nachts eine ohne Naturgesetze erschafft. Trotzdem erscheint der Solipsismus vielen Menschen als zu extrem.

Die zweite Erklärungsmöglichkeit bietet ein religiöser Idealismus. In den meisten Religionen gibt es ein höheres Wesen (meist einen Gott), das die äußere Welt für uns bereit stellt. Materie ist damit eine geistige Erscheinungsform, die von diesem für uns geschaffen wurde. Diese Weltsicht ist durchaus weit verbreitet. Aber natürlich gibt es auch viele Atheisten, die dagegenhalten, mit einem Gott könnte man letztlich alles erklären, ohne dass es für seine Existenz ernsthafte Indizien gäbe. Wir werden uns im Kapitel »Die Gretchenfrage« noch ausgiebig mit allem Jenseitigen beschäftigen. Daher gehen wir jetzt an dieser Stelle nicht weiter darauf ein.

Die dritte Erklärungsmöglichkeit ist der Idealismus im eigentlichen Sinne. Dieser geht davon aus, dass sich unser aller Bewusstsein aus einem individuellen und einem kollektiven Bereich zusammensetzt. Der *individuelle Bewusstseinsbereich* ist das, was jeder einzelne von uns als sein eigenes Bewusstsein wahrnimmt. Der *kollektive Bewusstseinsbereich* hingegen enthält die uns alle gleichermaßen umgebende Außenwelt. Wir sind dadurch zwar als Individuen getrennt, aber trotzdem über unsere Außenwelt miteinander verbunden. Dies ist eine Position, die nicht nur spirituelle Menschen vertreten. Kommt Ihnen dies allzu fantasievoll vor? Dann warten Sie es ab. Interessanterweise gibt es nämlich ein ganz reales Phänomen in unserer Welt, an dem man sich verschiedene Bewusstseine anschauen kann, die über einen kollektiven Bewusstseinsbereich verbunden sind und so eine gemeinsame Außenwelt erschaffen.

Willkommen in der Welt der Psychologie. Dort gibt es das Phänomen der Dissoziation. Dies bedeutet, dass Menschen aufgrund eines Traumas mentale Bereiche abspalten, sodass bestimmte schmerzhafte Erinnerungen dem Bewusstsein nicht mehr zugänglich sind. Es gibt verschiedene Ausprägungen der Dissoziation. Sie beginnt bei bestimmten Formen des Vergessens und geht bis hin zur dissoziativen Identitätsstörung – auch multiple

Persönlichkeitsstörung genannt. Bei letzterer entwickeln Betroffene ungewollt verschiedene Persönlichkeitszustände mit eigenen Identitäten. Diese übernehmen dann abwechselnd die Kontrolle über das Verhalten.[30]

Spannend ist nun, wie etwa ein Viertel der Menschen mit dissoziativer Identitätsstörung von ihren Träumen berichten. Je nachdem in welchem Persönlichkeitszustand sie sich gerade befinden, schildern sie ein und denselben Traum aus verschiedenen Perspektiven. Das heißt, die dissoziierten Persönlichkeiten sehen sich gegenseitig als verschiedene Charaktere des Traums. Sie alle erleben die gleiche Umgebung, nur jeweils aus einem anderen Blickwinkel heraus. Die Identitäten sind also getrennt, aber gleichzeitig durch einen kollektiven Bewusstseinsbereich miteinander verbunden. Dieser erzeugt die gemeinsame Außenwelt des Traums.

Die Parallelen zum Idealismus sind erstaunlich. Natürlich ist dies kein abschließender Beweis für dessen Richtigkeit. Dass aber der individuelle und der kollektive Bewusstseinsbereich in der Natur auch anderweitig vorkommen, macht den Idealismus zumindest plausibler. Er bleibt trotzdem für viele neuzeitlich aufgeklärte Menschen schwer zu akzeptieren. Zwar erscheint der Gedanke, dass man nicht alles zwischen Himmel und Erde erklären kann, vielen noch als charmant. Er ist modern und bringt ein offenes und tolerantes Selbstbild zum Ausdruck. Dass man aber beim Idealismus gleich auf Solipsismus, einen Gott oder einen kollektiven Bewusstseinsbereich festgelegt ist, geht vielen zu weit. Da wenden sich viele doch lieber wieder dem Materialismus zu.

Materialismus und Idealismus sind zwei Schwergewichte der Philosophie. Sie bilden zueinander gegensätzliche Positionen.

- Der Materialismus geht von der physikalischen Seite der Welt aus und versucht daraus den geistigen Bereich – insbesondere unser Bewusstsein – zu erklären.
- Der Idealismus geht von der geistigen Seite der Welt aus und versucht daraus den materiellen Bereich – unsere physische Welt – zu erklären.

Beide Positionen haben ihre Schwierigkeiten. Der Materialismus kann nicht begründen, wie aus Materie Bewusstsein entsteht. Der Idealismus hingegen kann den kollektiven Bewusstseinsbereichs nur über eine Analogie (Dissoziation) beschreiben. Beide sind demnach schlüssig, haben aber gleichermaßen eine Erklärungslücke. Somit kann keiner von beiden abschließend Richtigkeit beanspruchen. Es ist eine klassische Pattsituation zwischen zwei unvereinbaren Positionen.

Steppenwolf

Abb. 23: Hermann Hesse: »Der Steppenwolf« (1927), Motiv Buchcover

In dem Roman »Der Steppenwolf« von Hermann Hesse aus dem Jahr 1927 leidet die Hauptperson Harry Haller an seiner zerrissenen Persönlichkeit. Er hat sowohl eine menschliche, bürgerlich-angepasste als auch eine steppenwölfische, einsame, sozial- und kulturkritische Seite. Beide Seiten bekämpfen und blockieren sich. Der Dualismus zwischen Mensch und Steppenwolf symbolisiert somit die Gespaltenheit des modernen Menschen in seiner Ambivalenz zwischen Trieb und Intellektualität.

In diesem Abschnitt wird sich zeigen, ob Sie ein Dualist sind. Sie ahnen es sicher schon. Wir werden uns nicht mit Ihrer Ambivalenz zwischen Trieb und Intellektualität beschäftigen. In der Philosophie ist mit »Dualist« nämlich mal wieder etwas anderes gemeint. Der philosophische Dualismus besagt, dass unsere Welt einerseits aus einem materiellen und andererseits aus einem ideellen Teil besteht, wobei sich beide wechselseitig beeinflussen. Damit bildet der Dualismus eine Position in der Mitte zwischen Materialismus und Idealismus.

Während es heute nur noch wenige Wissenschaftler gibt, die ein dualistisches Weltbild vertreten, stand der Dualismus lange Zeit unserer Geschichte hoch im Kurs. Dies hatte gerade im abendländischen Kulturkreis mit der großen Bedeutung der Religion zu tun. Der weltlichen Seite stand die göttliche gegenüber. Die Physiker gingen noch davon aus, Materie wäre etwas Gegenständliches. Die Religion hingegen postulierte Gott als geistiges Wesen, dass diese Materie erschaffen und ihr Leben eingehaucht habe. Fertig war das dualistische Weltbild.

Wie kommt es nun, dass der Dualismus heutzutage nur noch von wenigen Gelehrten vertreten wird? Der Grundgedanke entspricht doch immer noch sehr gut unserer Alltagserfahrung. Es gibt die materielle Welt aus Dingen, Körpern und Gegenständen. Und andererseits ist da eine geistige Welt aus Gedanken, Gefühlen und Ideen. Passt doch. Sicherlich, aber es gibt logische Schwierigkeiten. Die sind schon lange bekannt und haben sich aufgrund jüngerer Forschung weiter verschärft. Schauen wir sie uns an.

Die erste Schwierigkeit hat damit zu tun, dass Wissenschaftler grundsätzlich versuchen, möglichst viel mit möglichst wenig zu erklären. Wirtschaftsökonomen würden da vom Mini-Max-Prinzip sprechen. Möglichst geringe Investition, möglichst großer Gewinn. Nun geht der Dualismus wie der Name schon sagt, von *zwei* Grundelementen aus. Nämlich Materie *und* Geist. Das war beim Materialismus und beim Idealismus anders. Da gab es jeweils nur *ein* Grundelement. Entweder war alles Materie oder alles Geist. Nun könnten wir uns entspannt zurücklehnen und sagen, dass zwei Grundelemente immer noch ziemlich wenig sind, um damit die ganze Welt zu erklären. Also gut. Es kommt aber noch dicker.

Wann immer man von mehreren Elementen ausgeht, stellt sich die Frage, wie diese zusammenwirken. Für den Dualismus heißt das konkret: Wie kriegt es beispielsweise Ihr Geist hin, dass sich Ihr Arm beugt? Sie können mit Ihren Gedanken ja auch keinen Löffel verbiegen (es sei denn natürlich Sie sind Uri Geller oder Darth Vader). Schon klar, da sind die Nerven in unserem Hirn, die elektrische Impulse schicken, die zu einer Kettenreaktion führen, an deren Ende sich der Arm beugt. Aber wie hat der Geist die Hirnzellen dazu gebracht, den Strom zu erzeugen? Irgendwann muss er doch irgendwelche physikalischen Teilchen im Hirn angeschubst haben. Wie soll das aber gehen? Dazu wäre es notwendig, dass der Geist aus einer Art nicht physikalischer Substanz besteht, die mit unseren üblichen Teilchen wechselwirkt. Nun kann man aber mittels der Quantenfeldtheorie berechnen, dass diese Wirkung entweder zu schwach sein muss, um einen Effekt auf unsere bekannten Teilchen zu haben, oder dass die Substanz in Experimenten hätte auftauchen müssen. Letzteres ist aber nicht passiert. Der Physiker Jean Carroll zeigt (mit einem Augenzwinkern) anhand sogenannter Feynman-Diagramme, dass wir diese Substanz dann sogar selber im Labor erzeugen könnten. Aber auch dies ist natürlich nicht der Fall. Sonst hätten Sie ja die Schlagzeile »Geist im Labor erzeugt« sicher gelesen.

Offenbar kann es keine physikalische Wechselwirkung zwischen geistiger Substanz mit unserer Materie geben. Dies ist für den Dualismus mehr als nur eine Erklärungslücke. Es scheint, dass diese Weltanschauung mit unseren Naturgesetzen unvereinbar ist. Müssen wir den Dualismus also über Bord werfen? Nicht leicht zu sagen. Es bleiben für ihn nur drei sehr kleine Schlupflöcher:

Das erste zumindest scheinbare Schlupfloch liefert die Physik selbst. Quantenteilchen sind ja zunächst einmal nur Zustandswahrscheinlichkeiten (s. Abschnitt »Dauerwelle«), bis sie sich für einen Zustand entscheiden – sprich, manifestieren. Nun hat kurz nach der Entdeckung der Quantenmechanik eine nennenswerte Zahl an ernstzunehmenden Physikern über die Rolle des Bewusstseins für die »Entscheidung«[31] des Teilchens diskutiert. Die Ergebnisse des Doppelspaltexperiments schienen zunächst so verblüffend, dass man in alle Richtungen gedacht hat. So wurde auch überlegt, ob das Bewusstsein des Beobachters vielleicht bewirkt, *dass* oder sogar *wie* sich das Teilchen entscheidet. Seit langem herrscht jedoch weitgehend Konsens, dass dies nicht der Fall ist. Und doch gibt es vereinzelte Neuauflagen des Doppelspaltexperiments, bei denen durch Meditation versucht wird, Teilchen mental durch einen der beiden Spalte zu lenken. Manche Experimentatoren geben an, dabei statistische Veränderungen in den Ergebnissen zu erkennen. Dies gilt jedoch nicht zuletzt wegen der umstrittenen Auswertungsverfahren als extrem fragwürdig.

Das zweite Schlupfloch entsteht dadurch, dass man die Wirkung zwischen Geist und Materie als Einbahnstraße versteht. Wenn die Wirkung der geistigen Substanz nämlich zu schwach ist, um einen Effekt auf unsere Materieteilchen zu haben, so könnte immer noch die Materie unseren Geist beeinflussen.[32] Dann wären wir die passiven Zuschauer einer physikalisch ablaufenden Welt. Zwar mitten drin, statt nur dabei. Aber selber handeln könnten wir nicht, sondern nur Handlungen von innen erleben. Dies wäre immerhin mit der gängigen Vorstellung vereinbar, dass der Sinn unseres Lebens darin besteht, Erfahrungen zu machen.

Das dritte Schlupfloch ist der Bruch mit den Naturgesetzen. Ja, da raufen sich so manche Physiker die Haare. Aber war ein solcher Bruch nicht immer schon Teil vieler Weltanschauungen? Nehmen wir nur die religiöse Vorstellung eines allmächtigen Gottes. Dessen Geist muss in den Lauf der Welt eingreifen können, ohne an die Naturgesetze gebunden zu sein. Sonst wäre er ja nicht allmächtig. So gesehen wäre es dann aber auch denkbar, dass der menschliche Geist in gleicher Weise jenseits der Naturgesetze mit unserer physikalischen Welt wechselwirken kann. Natürlich mag das manchem abwegig erscheinen. Und doch gibt es nicht wenige Menschen, die mit den Argumenten der Physik detailliert vertraut sind, und deren Weltanschauung trotzdem einen Bruch der Naturgesetze in Kauf nimmt. Darunter sind übrigens nicht wenige hochdotierte Physiker[33]. Seltsam, ist dies nicht ignorant gegenüber der Wissenschaft? In gewisser Weise schon. Aber vor dem Hintergrund, dass es keine vollständige und widerspruchsfreie Theorie unserer Welt gibt, nehmen manche Menschen lieber mehr Widersprüche mit der Wissenschaft in Kauf, wenn ihr Weltbild dadurch besser zu ihrem eigenen Erleben passt. Es hat wohl etwas damit zu tun, inwieweit man subjektive oder objektive Wahrheit sucht.

Mus. 4: Subjective and Objective Truth

Auch wenn das allerletzte Wort noch nicht gesprochen ist, hat der Dualismus einen schweren Stand. Materialismus und Idealismus stehen deutlich besser da. Und doch hatten sich dort ebenfalls Schwierigkeiten gezeigt. Es gehört daher wohl zu unserem menschlichen Leben, dass wir prinzipiell nichts Abschließendes über die Beziehung zwischen Materie und Geist sagen können. Möglicherweise ist es an uns, diese Beziehung selbst zu bestimmen. Dann ist es wie in der Kunst. Denn es gehört zum Wesen eines Kunstwerks, dass es in gewissem Sinne unbestimmt ist und uns die Wahl lässt, wie wir zu ihm in Beziehung treten wollen.

Peter und der Wolf

Abb. 24: Wolfsthema aus Sergei Prokofjews »Peter und der Wolf« (1936)

Das Musikmärchen »Peter und der Wolf« aus dem Jahr 1936 ist das bekannteste Werk des russischen Komponisten Sergei Prokofjew. Es handelt von dem kleinen Jungen Peter, der mit verschiedenen Tieren – Katze, Vogel, Ente und Wolf – am Rande des Waldes wohnt. Im Verlauf der Geschichte frisst der Wolf die Ente. Daher fängt Peter das gefährliche Tier ein. Als jedoch die Jäger kommen und den Wolf erschießen wollen, verhindert er dies. Warum nur?

Wir haben nun unser Bewusstsein als bedeutsamen Bestandteil unseres Menschseins kennengelernt. Dabei ist das Wort Menschsein eigentlich zu exklusiv. Es fühlen sich zwar immerhin alle Geschlechter angesprochen. Ausgenommen sind aber zum Beispiel Hunde oder Außerirdische. Und die sind für universelle Überlegungen genauso wichtig wie Sie und ich. Wie nehmen andere Wesen sich selbst und ihr eigenes Sein wahr? Schwer zu sagen. Es gibt wohl graduelle Unterschiede. Vermutlich hat eine Katze mehr Bewusstsein als ein Regenwurm. Und ob eine Amöbe überhaupt irgendeine Ich-Erfahrung hat, lässt sich kaum abschätzen. Noch schwerer ist es bei Außerirdischen. Klingonen und Borg existieren bisher nur in der Phantasie, sodass jegliche empirische Bewertungsgrundlage fehlt. Wir können aber nicht sicher davon ausgehen, dass wir Erdlinge die einzigen mit Ich-Erfahrung sind.

Wir unterscheiden zwischen bewussten Wesen und unbewussten Dingen – und sprechen von »Jemand« und »Etwas«. Diese Unterscheidung hat weitreichende ethisch-moralische Folgen. Denn wie wir mit Objekten umgehen, hängt maßgeblich davon ab, inwieweit wir diese als Jemanden oder als Etwas bewerten. Einen alten Taschenrechner entsorgen wir mir nichts, dir nichts, auch wenn er zur Wiederverwertung geschreddert wird. Mücken jagen wir ohne große Schuldgefühle mit einer Patsche, um dem juckenden Stich zu entgehen. Bei Mäusen und Affen haben wir schon mehr Bedenken, wenn wir sie Tierversuchen aussetzen. Dem Menschen hingegen billigen wir grundsätzlich die körperliche Unversehrtheit zu.

Dieser Aspekt bekommt nun eine völlig neue Dimension durch die Entwicklung künstlicher Intelligenz. Bei einem herkömmlichen Computer hat niemand moralische Bedenken diesen auszuschalten oder zu zerlegen. Es wird ja keinem ein Leid angetan. Allerdings erschaffen wir zunehmend digitale Geräte, mit denen wir ganz normal kommunizieren können. Bereits 2001 entwickelten russische Forscher mit ihrem Chatbot »Eugene Goostman« eine KI, die später mit einer Erfolgsquote von ca. 30 % vortäuschen konnte, ein Mensch zu sein, wenn Testpersonen sie fünf Minuten lang befragten. Spätestens seit 2022 das US-amerikanische Unternehmen OpenAI seinen Chatbot »ChatGPT« (**G**enerative **P**re-trained **T**ransformer) der Öffentlichkeit zugänglich gemacht hat, wurde für jeden spürbar, wie uns Computer zunehmend als bewusst erscheinen. Handelt es sich dann noch um ein Etwas oder schon um einen Jemand?

Diese Frage wird seit langem schon im Sciene-Fiction-Genre verarbeitet. Prominente Beispiele sind der Androide Mister Data in der Serie »Star Trek« oder der Computer HAL 9000 in dem Film »2001 – Odyssee im Weltraum«. Ersterer ist fasziniert von seinem eigenen Emotionsmodul, letzterer wehrt sich dagegen, ausgeschaltet zu werden. Intuitiv haben wir wohl das Gefühl, dass Mr. Data und HAL 9000 Maschinen sind. Trotz hoher Komplexität ist jeder von ihnen ein Etwas. Wir dagegen sind ein Jemand. Das erscheint auf den ersten Blick nachvollziehbar, allerdings wird diese Auffassung auch als Kohlenstoff-Chauvinismus bezeichnet. Denn warum bewerten wir einen Bausatz aus Kohlenstoff-Atomen (biologische Wesen) so grundsätzlich anders als einen aus Silicium-Atomen (Computer)? Intuitiv fühlt es sich für die meisten von uns zwar richtig an, dass ein Computer keine Ich-Erfahrung hat, auch wenn er reden kann wie wir. Aber logisch begründen kann man diese Annahme kaum. Dementsprechend vertreten viele Beschäftigte im Silicon Valley eine andere Auffassung. Sie glauben, dass unsere Maschinen irgendwann Bewusstsein entwickeln, wenn die Rechenleistung nur groß genug ist. Kritiker dieser Sichtweise hingegen bezweifeln, dass etwas Bewusstes herauskommt, wenn man etwas Unbewusstes um immer mehr Unbewusstes erweitert. Erinnert Sie die Debatte an etwas?

Na klar, wir sind wieder mitten drin im großen Rätsel des Bewusstseins. Wir wissen prinzipiell nicht, wie Bewusstsein entsteht. Egal ob es ein natürliches oder künstliches Bewusstsein ist. Und wir haben auch keinerlei Möglichkeit, abschließend festzustellen, ob unser Gegenüber Bewusstsein hat oder nicht. Egal ob es ein natürliches oder künstliches Gegenüber ist. Vor diesem Hintergrund wird klar, dass jegliche Auseinandersetzung über das Thema Bewusstsein und KI nur ein Austausch von persönlichen Meinungen ist. Denn:

- Es ist nicht möglich, aus Verhalten definitive Rückschlüsse auf ein Bewusstsein zu ziehen. Egal ob Mensch oder Computer, wir können nur sagen: »Dieses Verhalten wirkt auf mich so, als wäre Bewusstsein im Spiel.« Das bleibt aber immer Spekulation.
- Selbst wenn die Funktionsweise einer KI der unseres Gehirns nachempfunden ist, muss dies nicht zwangsläufig bedeuten, dass diese auch Bewusstsein entwickelt.
- Natürliches Bewusstsein lässt sich in seiner Entstehung nicht erklären. Das bedeutet, dass künstliches Bewusstsein auf die gleiche unerklärliche Weise entstehen könnte, aber natürlich auch nicht muss.
- Neuronale Netzwerke lernen mit einem Mechanismus, der gewisse Ähnlichkeiten mit der Evolution in der Natur aufweist. Sie arbeiten auch mit so etwas wie Mutation und Selektion (mit dem wesentlichen Unterschied, dass die Mutationen gleich schon zielgerichtet ablaufen). Diese Analogie zur Natur mag das Entstehen von Bewusstsein in KIs plausibel machen, aber keineswegs belegen.

- Die Rechenoperationen von Deep Learning Algorithmen sind im Kern eine Art Optimierungsproblem, was im weitesten Sinne mit einer Kurvendiskussion (Sie erinnern sich an die 11. Klasse?) verwandt ist. Nur natürlich unvergleichlich vieldimensionaler und vielschichtiger. Dass dabei ein sich-seiner-selbst-bewusst-sein-Bewusstsein entsteht, erscheint eher unplausibel, aber letztlich auch nicht ausgeschlossen.

Wir bleiben mal wieder im Unklaren. Nun gibt es Überlegungen, wie man dem Unterschied zwischen Jemand und Etwas auf die Schliche kommen kann. Ein Ansatzpunkt mag in der besonderen Fähigkeit des Menschen liegen, zu *verstehen*. So findet man in der Mathematik Probleme, die für den Menschen lösbar sind, aber prinzipiell nicht für den Computer. Außerdem impliziert der berühmte Gödelsche Unvollständigkeitssatz[34], bei dem die Mathematik eine Aussage über sich selbst trifft, dass man unser menschliches Verstehen nicht als Schema formalisieren kann, das auf einem Computer läuft. All dies wird kontrovers diskutiert. Ob man überhaupt jemals von außen zwischen einem Jemand und einem Etwas unterscheiden kann, bleibt daher mehr als fraglich.

Wenn wir Menschen uns aber gegenseitig zugestehen, ein Jemand zu sein, und wenn wir zwischen Silicium und Kohlenstoff keinen prinzipiellen Unterschied machen, müssen wir dann nicht HAL 9000 und Mr. Data zugestehen, ein Jemand zu sein? Müsste für sie dann auch Artikel 1 der Menschenrechte gelten? Dann würden wir besser von Jemandsrechten sprechen und sagen: *Alle Jemands sind frei und gleich an Würde und Rechten.* Diese Vorstellung lässt einen leicht schwindelig werden. Hier rollt mit der Entwicklung künstlicher Intelligenz eine Welle ethisch-moralischer Fragen auf uns zu, für die es keine klaren Antworten gibt.

Eine klare Antwort gibt es jedoch an dieser Stelle. Nämlich die auf die Frage, warum Peter verhindert, dass die Jäger den Wolf erschießen. Der Junge sieht im Wolf einen Jemand. Dies bestätigt sich in der Musik. Der dreistimmig homophone Satz der Hörner (s. Abbildung) erinnert an Fanfaren, die einen römischen König ankündigen. Die Lage ist tiefer und die Harmonien diffuser, was dem bedrohlichen und rätselhaften Wesen des Wolfes Rechnung trägt. Aber klar ist die klangliche Symbolik: Achtung, hier kommt *jemand*.

Rose ist eine Rose ist eine Rose ist eine Rose
(Die Welt der Bedeutung und der Dinge)

Sacred Emily
Gertrude Stein (1913)
...
Argonauts.
That is plenty.
Cunning saxon symbol.
Symbol of beauty.
Thimble of everything.
Cunning clover thimble.
Cunning of everything.
Cunning of thimble.
Cunning cunning.
Place in pets.
Night town.
Night town a glass.
Color mahogany.
Color mahogany center.
Rose is a rose is a rose is a rose.
Loveliness extreme.
Extra gaiters.
Loveliness extreme.
Sweetest ice-cream.
Page ages page ages page ages.
Wiped Wiped wire wire.
Sweeter than peaches and pears
and cream.
Wiped wire wiped wire
Extra extreme.
Put measure treasure.
Measure treasure.
...

Abb. 25: Gedicht »Sacred Emily«

Das insgesamt 367 Zeilen lange Gedicht »Sacred Emily« ist eines der klangvollen Sprachexperimente der amerikanischen Schriftstellerin Gertrude Stein. Es erzählt minutiös die alltäglichen Handlungen einer Frau in ihrem Zuhause. Stein nutzt dabei häufige Wiederholungen, um ihren Worten eine tiefere und umfassendere Bedeutung zu verleihen. Sie übertrug die Stilmittel des Kubismus auf die Literatur, indem sie Worte wie geometrische Figuren variierte und sie mehrperspektivisch zusammensetzte. Sie spielte mit Funktionen und Symbolik von Wörtern und glaubte, sie verwiesen auf nichts anderes als auf sich selbst. Darum sei eine Rose eine Rose eine Rose.

Haben Sie auch in der Schule gelernt, dass man Begriffe nicht mit sich selbst erklären soll? Man nennt das eine Tautologie. Wir erlauben uns in diesem Kapitel, es trotzdem zu tun. Denn wir kommen so nah an den Kern unseres eigenen Menschseins heran, dass wir diesen fast nur noch tautologisch beschreiben können. Die Überschriften der folgenden Abschnitte deuten dies schon an. Es ist ein wenig wie in der Bibel, wenn Gott über sich selbst sagt: »Ich bin, der ich bin.«

Wir werden erörtern, was die physikalischen Erkenntnisse aus dem Kapitel »Vier Minuten dreiunddreißig« und die philosophischen Positionen aus dem Kapitel »Unter Wölfen« für ein Verständnis von uns selbst bedeuten. Dabei wird dem Begriff der *Bedeutung* eine zentrale Bedeutung zukommen. Bedeutung wird sich als Essenz des Menschseins zeigen. Wir werden erkennen, dass wir gewissermaßen die Schöpfer unserer Welt sind. Und im Kern des Schöpfungsprozesses steht Bedeutung. In diesem Zusammenhang beleuchten wir auch Fragen nach Sein, Wirklichkeit, Wahrheit, unserem freien Willen und Sinn.

Ich fragt (S-)ich

Abb. 26: Hans Traxler: »Ich-Denkmal« (2005)

Das »Ich-Denkmal« ist eine Skulptur, die 2005 von dem Künstler Hans Traxler errichtet wurde. Es zählt zum Genre der Komischen Kunst und besteht aus einem steinernen Sockel, wie ihn üblicherweise Denkmäler berühmter Personen der Zeitgeschichte besitzen, auf dem jedoch keine Statue steht. An der Rückseite ermöglicht eine dreistufige Treppe das Besteigen des Sockels. Die Besucher werden animiert, den Sockel zu nutzen, um sich darauf fotografieren zu lassen. Der so fotografierte Besucher wird selbst zum Denkmal. Auf einer Tafel steht: »Jeder Mensch ist einzigartig.«

Wenn wir unser Menschsein besser verstehen wollen, empfiehlt es sich, nicht beim Ich zu beginnen. Sicher, sein Ich begreifen, heißt den Kern des eigenen Seins erkennen. Das klingt toll. Wie eine Lebensweisheit, die man sich auf den Badezimmerspiegel schreibt. Das Ich führt uns aber nirgendwo hin. Fragen wie »Was bin Ich?«, »Wer bin Ich?« oder »Und, wie war ich?« lassen keine Antworten erwarten, die uns weiterbringen.

Schauen wir uns an, warum das so ist. Auf den ersten Blick scheint die Sache klar zu sein. Da ist unser Ich, sowie eine Innenwelt (bestehend aus Sinneswahrnehmungen, Gefühlen, Gedanken) und eine Außenwelt (aus Dingen wie Sternen, Stürmen oder Stechmücken). Aber siehe da, klar ist hier gar nichts.

Das merken wir, sobald wir versuchen, das Ich von unserer Innenwelt abzugrenzen. Wenn ich einen Gedanken habe, sagt die Formulierung schon, dass das Ich das Subjekt ist, das den Gedanken als Objekt hat. Allerdings würden wir sicher auch zustimmen, dass Denken ein Teil von uns ist. So gesehen sind Gedanken Teil des Ichs. Das gleiche gilt natürlich auch für Sinneswahrnehmungen und Gefühle. Ob etwas zum Ich oder zur Innenwelt gehört, hängt offenbar von der Perspektive ab, die wir einnehmen.

Einverstanden, aber das Ich lässt sich doch zumindest von unserer Außenwelt klar abgrenzen, oder etwa nicht? Na ja, was ist zum Beispiel mit unserem Arm? Gehört er zum Subjekt? Dann ist er Teil des Ichs. Oder haben wir einen Arm? Dann ist dieses Körperteil ein Objekt. Es ist die Frage nach *Leib sein oder Leib haben*. Diese Unklarheit zwischen Ich und Außenwelt geht sogar über unseren Körper hinaus. Sportler berichten, dass sie manchmal so eng mit ihrem Sportgerät verschmelzen, dass dieses zu einer Verlängerung ihrer selbst wird. Ähnlich erzählen Musiker von einem Prozess des völligen Einswerdens mit ihrem Instrument sowie mit dem Raum, den sie mit Klang füllen. Auch bei der Frage, ob etwas zum Ich oder zur Außenwelt gehört, kommt es also erneut auf die Perspektive an, die wir einnehmen.

Also gut, aber mit Stern, Sturm oder Stechmücke verschmilzt ja wohl niemand, oder? Warten Sie es ab. Für uns existiert unsere Außenwelt ja nur als innere Repräsentation. Sie kommt in unserem Gehirn durch Sinneswahrnehmungen samt den damit verbundenen Gefühlen und Gedanken zustande. Man kann daher einen Stern entweder als physisches Objekt der Außenwelt oder als mentales Objekt der Innenwelt erfahren. Ob etwas zur Innen- oder zur Außenwelt gehört, hängt also wieder von der Perspektive ab, die wir einnehmen.

Offenbar ist es überhaupt unmöglich, zwischen Ich, Innen- und Außenwelt klar zu unterscheiden. Die Grenzen sind abhängig von der eingenommenen Perspektive und können daher je nach Situation wechseln. Ich, Innen- und Außenwelt erweisen sich damit als Sichtweisen. Vielleicht sollte man hier sogar besser von *Erlebensweisen* sprechen.

Mus. 5: Good Old Me

Und nun wird klar, warum das Ich kein guter Ausgangspunkt ist, um mehr über uns selbst zu erfahren. Wir können das Ich von nichts wirklich abgrenzen. Das Ich alleine bringt uns offenbar nicht weiter. Um unser Menschsein besser zu verstehen, müssen wir das *Zusammenspiel* zwischen Ich und Welt beleuchten.

Bewusstsein und bewusst Sein

Abb. 27: Salvador Dali: »Le Sommeil« (1937)

In »Le Sommeil« (1937) widmet sich der Maler Salvador Dali dem Thema Schlaf und Traum, welches auch für den Psychoanalytiker Sigmund Freud – ein Idol Dalis – von besonderem Interesse war. Schlaf unterbricht unser Bewusstsein. Träume gelten als Zugang zum Unbewussten. Dali malt einen schlaff hängenden Kopf, der von mehreren Krücken getragen wird. Krücken sind ein häufiges Motiv bei ihm und stehen für Zerbrechlichkeit und Instabilität. Es scheint, als könnte der Kopf jeden Moment herunterfallen und die Traumwelt verloren gehen. Das Gemälde wirkt labil, unbeständig, und nicht von dieser Welt.

Das *Zusammenspiel* zwischen Ich und Welt finden wir in unserem Bewusstsein. Der Begriff meint ja einen Zustand, in dem ein Ich als Mittelpunkt unserer Wahrnehmung eine Erfahrung macht und sich dieser gegenwärtig ist. Soweit scheint alles klar. Da ist ein *Ich,* und das macht eine *Erfahrung* an einem *Etwas.* Ein Subjekt erfährt ein Objekt.

Bei genauem Hinsehen zeigt sich jedoch, dass uns auch dies nur wenig weiterbringt, da der Begriff selbstbezogen ist. Man kann sich nämlich auch des eigenen Bewusstseins bewusst sein. Ja sogar des Bewusstseins des Bewusstseins usw. Anders gesagt: Wenn ein Ich eine Erfahrung an Etwas macht, kann das Ich auch dieses Etwas sein. Das Ich kann sich selbst erfahren. Sogar eine Erfahrung kann ihrerseits erfahren werden. *Ich und Erfahrung sind daher Teil des Etwas, das das Ich erfährt.* Wohin uns das führt? Anstatt zu Antworten erst einmal zu einer Menge Fragen, die – wer hätte es anders erwartet – unbeantwortbar sind.

Wenn das Ich sich selbst erfährt, sind dann Ich (Subjekt) und Ich (Objekt) das gleiche? Es ist so ähnlich, wie wenn man sich im Spiegel anschaut. Sieht man dann sich oder sein Spiegelbild? Dies ist der Auftakt zu einer Reihe von weiteren grundlegenden Fragen.

Wenn das Ich sich selbst erfährt, kann es das direkt oder kann es sich nur an etwas erfahren? Rene Descartes sagte den berühmten Satz: »Ich denke, also bin ich.« Statt »denken« können Sie auch »fühlen« oder was auch immer nehmen. Entscheidend ist, dass das Ich seine Existenz offenbar *daran* erfährt. Ebenfalls berühmt ist aber auch der Einspruch von Jean Paul Sartre. Dieser hielt dagegen, dass es ein reines Ich neben dem Denken, Fühlen etc. gäbe. Meditierende Menschen würden Sartre wohl zustimmen. Sie streben einen Zustand frei von Sinneswahrnehmungen, Gedanken und Gefühlen an. *Bewusst Sein* ist das Ziel. Offen ist, ob sich dabei das Ich selbst erfährt oder aber ob es dies an der Wahrnehmung dieses Zustandes tut. Dies führt uns zur nächsten, der Frage aller Fragen.

Kommt dieses bewusste Sein dem Zustand nahe, in den wir am Ende unseres Lebens übergehen? Spirituelle Lehrer wie zum Beispiel Eckhart Tolle oder der Dalai Lama gehen davon aus. Andere Menschen hingegen vertreten die Auffassung, dass man bei der Meditation nur eine reduzierte Außen- und Innenwelt-Erfahrung hat, dass jedoch der Zustand gänzlich ohne Außen- und Innenwelt-Erfahrung einem traumlosen Schlaf, einer Vollnarkose oder eben dem Tod entspricht. Und auch dies führt uns zu einer weiteren Frage.

Sind traumloser Schlaf, Vollnarkose oder der Tod wirklich Zustände, in denen das Bewusstsein vorübergehend oder endgültig endet, oder sind es nur Zustände, in denen man keine Erinnerung produziert?

Fragen über Fragen. Gilt etwa »Fragen sind die neuen Antworten«, wenn wir uns selbst verstehen wollen? Ja und nein. Tatsächlich hüllt sich unser Menschsein genauso in eine prinzipielle Ungewissheit wie unsere Natur. Aber wir haben einen wesentlichen Aspekt bisher noch gar nicht berücksichtigt. Den Kern des Zusammenspiels zwischen Ich und Welt. Die Bedeutung. Sie wird sich als Schlüssel zum Verständnis unseres Menschseins erweisen.

Bedeutung der Bedeutung

Um zu verstehen, was Bedeutung eigentlich meint, schauen wir uns ein Beispiel an. Sowohl der menschliche Körper als auch der Motor eines Autos besitzen einen Temperaturfühler. In beiden Fällen sind diese Sensoren Teil eines Regelkreises. Wenn es zu warm wird, werden kühlende Maßnahmen eingeleitet. Wenn es dann wieder genügend kalt ist, werden kühlende Maßnahmen gestoppt oder sogar wärmende gestartet. Scheinbar ist das Grundprinzip in beiden Fällen das gleiche. Und doch gibt es einen entscheidenden Unterschied. Dem Auto bedeutet die Temperatur nichts. Das Signal des Temperaturfühlers setzt im Auto lediglich eine mechanisch ablaufende Reaktionskette in Gang, ähnlich wie bei Dominosteinen. Dabei hat das Auto kein Konzept, kein Gefühl, keine Vorstellung von Temperatur. Die vom Sensor an die Steuerungseinheit geschickten Daten sind neutrale eindimensionale Information.

Ganz anders bei uns Menschen. Kälte ist für uns ein multidimensionales *Erlebnis*. Darin steckt das Wort Leben. Wahrnehmung von Kälte ist ein Teil der Ganzheitlichkeit des Lebens in diesem Moment. Dieses Erleben ist viel weitreichender als die reine Temperaturwahrnehmung. Wir setzen es automatisch mit all unseren Erlebnissen von Kälte in Beziehung. Und zwar *jenseits von Raum und Zeit*. Ja, Sie haben richtig gehört. Der Mensch ist in gewisser Weise in der Lage, Raum und Zeit zu überwinden. Wir verfügen nicht nur über Erinnerungen an Kälteerlebnisse in der Vergangenheit. In unserer Vorstellung können wir Kälte an jedem Ort und zu jeder Zeit im Universum erleben. All diese realen und fiktiven Erlebnisse setzen wir mit unserem aktuellen Kältegefühl in Verbindung. Dadurch gewinnt

Der Abschied

Johann Wolfgang von Goethe (1827)

Laß mein Aug den Abschied sagen,
Den mein Mund nicht nehmen kann!
Schwer, wie schwer ist er zu tragen!
Und ich bin doch sonst ein Mann.

Traurig wird in dieser Stunde
Selbst der Liebe süßstes Pfand,
Kalt der Kuß von deinem Munde,
Matt der Druck von deiner Hand.

Sonst, ein leicht gestohlnes Mäulchen,
O wie hat es mich entzückt!
So erfreuet uns ein Veilchen,
Das man früh im März gepflückt.

Doch ich pflücke nun kein Kränzchen,
Keine Rose mehr für dich.
Frühling ist es, liebes Fränzchen,
Aber leider Herbst für mich!

Abb. 28: Gedicht »Der Abschied«

Kälte ihre Bedeutungsfülle. Kälte ist die Bedeutungsschnittmenge aller realen und fiktiven Kälteerlebnisse. Und zu all diesen Erlebnissen gehört nicht nur die Rückmeldung der Temperatursensoren unseres Körpers. Sie alle gehen mit vielfältigen Sinneswahrnehmungen, Gedanken und Gefühlen einher. Auch diese sind dann Teil der Bedeutungsfülle von Kälte. Somit verselbständigt sich die Bedeutung. Wenn Goethe in seinem Gedicht »Der Abschied« schreibt: »Kalt der Kuss von deinem Munde«, geht es dabei nicht wirklich um die Temperatur der Lippen. Wenn wir diese Zeilen lesen, verknüpfen wir unsere ganz eigene Erlebnisfülle von Kälte und Kuss miteinander. Dadurch gewinnt die Zeile ihre ganz individuelle Bedeutung für jeden einzelnen von uns, jenseits von Celsius und Fahrenheit. Nichts dergleichen liefert der Temperaturfühler des Autos. Seine Rückmeldung ist zwar nicht folgen-, aber bedeutungslos.

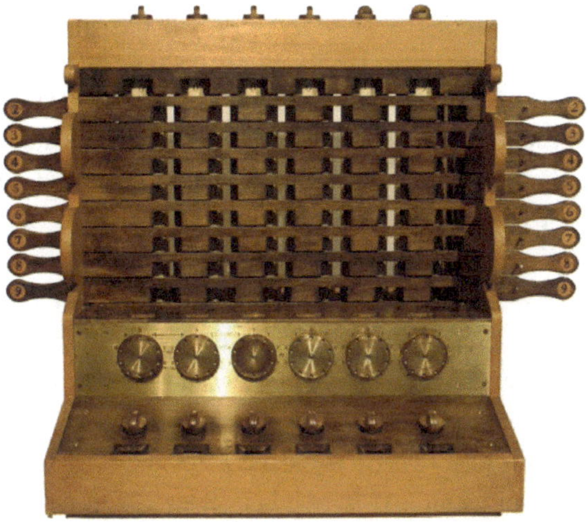

Abb. 29: Erste Rechenmaschine der Welt von Wilhelm Schickard (1623)

Nun ist der Temperaturfühler mit seinem Regelkreis ein recht primitiver Mechanismus. Um zu verstehen, wie es mit komplexeren Systemen wie Computern aussieht, schauen wir uns zunächst eine alte Rechenmaschine an. Sie erzeugt eine Kettenreaktion. Jemand bewegt eines der Bauteile, dieses bewegt andere Bauteile und am Ende drehen sich Rollen, auf denen Zahlen stehen. Bedeutung entsteht dabei an sich nicht. Dass ein Ding ein anderes bewegt, passiert in unserer Welt ja andauernd. Bedeutung kommt anderweitig ins Spiel und zwar an genau drei Stellen. Erstens wenn jemand die Maschine baut. Sie muss nämlich genau so konstruiert sein, dass ihr Mechanismus bestimmte Bedeutungsverkettungen (hier einfache Rechenoperationen) abbildet. Zweitens wenn jemand eine Eingabe macht, die eine bestimmte Bedeutung (hier Rechenaufgabe) abbildet. Und drittens, wenn jemand die Schlusskonstellation anschaut und deren Bedeutung (Zahl) als Ergebnis abliest. Zunächst fällt auf, dass bei allen drei Stellen ein *Jemand* im Spiel ist. Sprich, die Maschine selbst generiert gar keine Bedeutung. Wenn wir 3 + 4 eingeben, ist das nur das Bewegen der Bauteile in eine bestimmte Konstellation. Wenn die Rolle dann 7 anzeigt, ist dies lediglich Teil dieser Konstellation. Insbesondere sind die Zahlen 3, 4 und 7 nur Farblinien auf den Bauteilen. Die Maschine selbst operiert daher komplett jenseits von Zahlen. Sie kennt Zahlen genauso wenig, wie das, was sie bedeuten. Dementsprechend kann man mit einer gewissen Berechtigung sagen, dass Rechenmaschinen eigentlich gar nicht rechnen können.

Genauso ist es mit modernen Computern. Sie funktionieren natürlich nicht mechanisch. Prinzipiell sind sie jedoch auch Mechanismen, bloß eben elektronisch und wesentlich komplexer. Ihre Funktionsweise ist aber letztlich die gleiche wie die einer alten Rechenmaschine. Eine elektronische Kettenreaktion ist genau wie eine mechanische an sich bedeutungslos. Bedeutung entsteht auch hier bei der Konstruktion (von Hardware und Software), bei der Eingabe (auf der Tastatur) und beim Ablesen (auf dem Bildschirm). Daher kann man mit einer gewissen Berechtigung sagen, dass zum Beispiel Schachcomputer eigentlich gar nicht Schach spielen können. Denn auch, wenn der Mensch gegen sie nicht mehr gewinnen kann, so wissen sie doch gar nicht, was Schach bedeutet.

Also gut, aber wie sieht es mit künstlicher Intelligenz aus? Haben es Computer nicht schon geschafft, Musik zu komponieren? Ja klar, Google hat beispielsweise schon 2016 in seinem Magenta-Programm eine KI mit allen Beatles Songs gefüttert. Diese hat die Musik synthetisiert und einen neuen Song »geschrieben«. Der hörte sich tatsächlich einigermaßen nach Beatles an. Wurde damit nicht Bedeutung erschaffen? Nur scheinbar. Der Computer hat nämlich lediglich etwas erstellt, das typische Strukturmerkmale eines Beatles Songs aufweist. Erschaffen wurde der musikalische Inhalt jedoch von den Beatles. Dieser wird von der KI nur in variierter Form reproduziert. Die Bedeutung entsteht auch hier wieder nicht im Mechanismus des Computers, sondern bei der Konstruktion (Programmierung der KI), bei der Eingabe (indirekt durch die Beatles) und beim Ablesen (hier Abhören durch uns). Kurz gesagt, die Bedeutung entsteht in uns Menschen.

Heißt das, dass Computer niemals eigenständig neue musikalische Stilistiken erschaffen werden? Jain. Es wäre denkbar, dass eine KI die Entwicklungen der Musikgeschichte derart synthetisiert, dass sie daraus weiterentwickelte oder neue Stilistiken und Trends generieren kann. Aber auch das ist kein eigenständiges Erschaffen von Bedeutung, sondern wiederum nur ein Produkt der Synthese von Bedeutungen, die vom Menschen kommen. Das ist ja auch klar, denn der KI bedeutet der Klang der Musik nichts. Sie kann ja noch nicht einmal hören.

Als großer Durchbruch auf dem Weg zu einer KI, die selbständig Bedeutung generieren kann, wurde 2022 ChatGPT gefeiert und auch gefürchtet. Tatsächlich scheint es, als verstehe dieser Chatbot die Bedeutung dessen, was er sagt. Wenn man sich aber seine Funktionsweise anschaut, zeigt sich im Kern wieder die Synthese von bereits bestehender Bedeutung. ChatGPT hat Unmengen an Text aus dem Internet statistisch ausgewertet und entscheidet vor diesem Hintergrund, welches Wort als nächstes am wahrscheinlichsten ist. Darüber hinaus wurden die Ergebnisse dadurch verbessert, dass die KI mittels menschlicher Rückmeldung trainiert wurde. Die Bedeutung entsteht offenbar auch hier wieder durch den Menschen. Bei der Konstruktion (Programmierung, Füttern mit Texten aus dem Internet, menschliches Feedback) sowie bei Eingabe und Ablesen durch den User. Und doch weist ChatGPT Fähigkeiten auf, die uns staunen lassen, weil sie ja scheinbar *so* gar nicht einprogrammiert sind. Wie kann neuer inhaltlicher Sinn aus dem statistischen Aneinanderreihen von Wörtern entstehen? Es hat den Anschein, als hätte sich der Chatbot derart verselbständigt, dass ihm die Inhalte irgendwie doch etwas bedeuten. Vielleicht zeigt sich daran aber auch nur, wie wir Menschen den Ergebnissen einer solchen KI die Bedeutung eigenständiger Wesenszüge beimessen.

Offenbar bleibt es fraglich, ob unsere derzeitigen Computer schon auf dem Weg sind, Bedeutung erschaffen und erfahren zu können. Und auch wenn der menschliche Erfindergeist in Zukunft noch erstaunlichere Maschinen hervorbringt, so wird uns die entscheidende Frage weiter begleiten: Bedeutet diesen Maschinen das, was sie tun, irgendetwas – oder sieht es für uns Menschen nur so aus?

Nun haben wir uns schon ein erstes Bild von der Bedeutung der Bedeutung machen können. Aber wenn Bedeutung tatsächlich der zentrale Bestandteil des Zusammenspiels zwischen Ich und Welt ist, was ist sie genau?

Wenn ein Ich eine Erfahrung macht, geht dies mit einer Bewertung einher. Die Bedeutung ist diese Bewertung. Genauer gesagt: Die *Bedeutung* ist die *Bewertung* der *Eigenschaften* des *Erfahrenen*. Beim Essen bewerten wir dessen Geschmack, den Geruch, seine Optik. Wenn wir einen Waldspaziergang machen, bewerten wir das Rauschen der Blätter, die Frische der Luft. Und wenn wir uns selbst erfahren, bewerten wir, wie gut unser Gemütszustand ist, wie zielführend unsere Gedanken erscheinen und wie angenehm unsere Sinneswahrnehmungen sind. Es sind einfache Beispiele, die sichtbar machen, wie die Eigenschaften des Erfahrenen teils bewusst, teils unbewusst bewertet werden. Und zwar als positiv oder negativ, gut oder schlecht, erstrebenswert oder nicht erstrebenswert, usw. Natürlich sind diese Bewertungen wesentlich vielschichtiger. Dies haben wir ja bereits am Beispiel der multidimensionalen Bedeutungsfülle von Kälte gesehen. Aber im Kern stecken viele simple Bewertungen der zahlreichen Eigenschaften des Erfahrenen.

Nun stellt sich die Frage, worin da ein prinzipieller Unterschied zu unseren Computern bestehen soll. Traditionelle Algorithmen arbeiten mit sogenannten Gattern, moderne lernfähige KIs mit sogenannten Weights. Bei beiden werden letztlich Eingangssignale durch elementare Bewertung zu Ausgangssignalen weiterverarbeitet. Entsteht durch diese Bewertungen dann nicht doch im Computer auch ein bisschen Bedeutung? Und wenn wir diese mittels immer höherer Rechenleistungen hoch skalieren, würde dann nicht sogar eine multidimensionale Bedeutungsfülle wie im Menschen entstehen können? Die Antwort lautet schlicht nein. Der Computer bewertet nämlich nicht, er bildet nur Bewertungen ab. Er hat an sich keinen Maßstab, kein Bewertungskriterium. Derartiges muss ihm vom Menschen einprogrammiert werden. Die dadurch abgebildeten Bewertungen können sich dann vielleicht potenzieren. Eventuell sogar soweit verselbständigen, dass wir sie nicht mehr im einzelnen nachvollziehen können. Ausgangspunkt ist und bleibt aber der Mensch. Und warum hat der Computer keinen Maßstab, kein Bewertungskriterium? Weil es für ihn keinen *Grund* gibt. Für ihn ist jedes Bit gleich viel wert. Er behandelt alle Daten einfach ohne zu fragen. So, wie es ihm einprogrammiert wurde. Dienst nach Vorschrift. Und die Vorschrift kommt von uns.

So langsam kommen wir der Sache näher. Das ist bei uns Menschen nämlich ganz anders. Wir sind voller Gründe, ohne dass uns immer ganz klar ist, woher sie kommen. Oder kann jemand sagen, warum die meisten lieber Rucola statt Brokkoli mögen. Aus irgendeinem Grund bewerten wir die Geschmackseigenschaften des einen besser als die des anderen. Mit der Evolution hat das vermutlich nichts zu tun. Brokkoli ist schließlich noch gesünder als Rucola. Aber woher kommen die Gründe dann? Na ja, da wird es komplex. Wir haben vieles von unseren Peers, Eltern und

Vorfahren übernommen. Natürlich ist manches tatsächlich evolutionsbedingt. Aber schauen wir uns an, was wir gerade tun. Wir suchen Gründe für die Gründe. Das haben wir oben beim Computer schon gemacht und festgestellt, dass das Zurückführen von Gründen auf andere Gründe bei den Urgründen endet, die der Mensch liefert. Genauso können auch wir als Biocomputer unsere Gründe auf andere Gründe zurückführen. Aber offensichtlich geben wir uns unsere Urgründe selbst. Ein Beispiel für einen solchen Urgrund beschreibt möglicherweise der Psychologe John Macnamara, wenn er von dem natürlichen inneren Drang von Kindern spricht, sich auszudrücken und sich zu verstehen. Dies könnte tatsächlich ein Urgrund sein. Er lässt sich kaum auf andere Gründe zurückführen.

Soweit, so gut. Aber dann stellt sich die Frage, warum der Mensch seine Urgründe hat? Wie kommt es, dass sie überhaupt existieren? Das ist das große Mysterium. Genauso wie es absolut unerklärlich ist, dass aus toter Materie ein Bewusstsein entsteht, können wir nicht erklären, wie es dazu kommen konnte, dass wir überhaupt Gründe haben. Gründe, die am Ende dazu führen, dass wir bestimmte Musik mögen oder bestimmte Temperaturen bevorzugen – sprich, positiv bewerten. Bei der Temperatur denkt man natürlich gleich wieder an die Evolution. Schon klar, aber irgendwann in der Evolution muss es ein Wesen mal positiv bewertet haben, weiter zu existieren, weshalb es dann extreme Temperaturen negativ bewertet und meidet. Aber all dies macht ein Computer nicht. Er hat keine eigenen Gründe. Ihm ist es völlig egal, ob er weiter existiert oder abraucht. Seine Temperaturregulation kommt nur daher, dass der *Mensch* aus gutem *Grund* nicht möchte, dass der Computer kaputt geht, und deshalb einen entsprechenden Mechanismus einprogrammiert hat.

Mus. 6: Reasons

Also gut, wir halten fest: Wir bewussten Wesen haben Gründe, aufgrund derer wir die Eigenschaften unserer Erfahrungen bewerten. Die Bewertung der Eigenschaften macht die Bedeutung des Erfahrenen aus. Schauen wir uns nun an, welche erstaunliche Rolle der Bedeutung zukommt, wenn wir unserer uns umgebenden Welt begegnen. Dabei werden wir erkennen, dass wir gewissermaßen die Schöpfer unserer Welt sind. Und im Kern des Schöpfungsprozesses steht – ja was wohl? – Bedeutung!

Sein des Seienden

Abb. 30: Sir John Martin Harvey als Shakespeares »Hamlet«, ca. Ende 19. oder Anfang 20. Jahrhundert

Das Theaterstück »Hamlet« von William Shakespeare ist bis heute eines der meist diskutierten Bühnenwerke der Weltliteratur. Die Tragödie entstand um das Jahr 1600. »Sein oder Nichtsein«, so lautet der berühmte Satz Hamlets. Der Schauspieler Sir John Martin Harvey stellt in eindrucksvoller Geste dar, wie Hamlet mit der Frage ringt, ob es leichter ist, das eigene Schicksal, also das Leben, oder den eigenen Tod zu ertragen.

In diesem Abschnitt werden wir feststellen, dass *Bedeutung* letztlich für die Frage der Existenz von Dingen entscheidend ist. Es geht also gewissermaßen um Sein oder nicht Sein.

Sein ist für Philosophen ein spannendes Wort. Sie verbinden damit die Frage, wie es kommt, dass überhaupt etwas (da) *ist*. Dabei betreiben sie eine heitere Wortakrobatik. Sie unterscheiden zwischen Sein und Seiendem. Die Ähnlichkeit der beiden Wörter kann dazu führen, dass Sie im Folgenden manche Sätze mehrmals lesen werden. Eigentlich ist es aber ganz einfach.

All das, was (da) ist, nennt man etwas Seiendes. Also Tütensuppe, Heimweh, Multiplikation und alles, was sonst noch so da ist, das ist Seiendes. All diesem ist das Sein gemeinsam. Wir werden nun der Frage nachgehen, wo das alles herkommt. Warum ist es (da)? Sprich, warum ist es ein Seiendes? Woher bekommt es sein Sein? Geben Sie Ihrem Hirn einen Moment, um das zu verarbeiten. Vielleicht erinnert es Sie an den Satz: Wenn hinter Fliegen Fliegen fliegen, fliegen Fliegen Fliegen nach. Dann sind Sie auf einem guten Weg.[35]

Schauen wir uns das, was alles so (da) sein kann, genauer an. Da gibt es nur zwei Arten. Dies sind zum einen die Inhalte unserer Innenwelt (Sinneswahrnehmungen, Gefühle, Gedanken) und die unserer Außenwelt (z.B. Stern, Sturm, Stechmücke). Wie kommt es also, dass diese Inhalte (da) sind? Intuitiv würde man vielleicht sagen, die Inhalte unserer Innenwelt machen wir uns selber. Die der Außenwelt sind einfach irgendwie schon da. Aber von wegen: Auch hier ist nichts, wie es scheint.

Um zu verstehen, wie es kommt, dass etwas (da) ist, wenden wir uns einem Beispiel zu, das für manche ein Schreckgespenst ist. Der Mathematik. Aber haben Sie Vertrauen. Alles wird gut. Nein, nicht den Kopf in den Sand stecken, wir werden nicht rechnen.

Es geht nur darum zu fragen, wie es kommt, dass Mathematik (da) ist. Um dies zu beantworten, schauen wir uns an, ob sie von uns *erschaffen* oder *entdeckt* wird. Erschaffen würde bedeuten, dass die Mathematiker sich etwas ausdenken, das es ohne sie nicht gäbe. Entdeckt hingegen würde bedeuten, dass die Strukturen der Mathematik schon von vorne herein da sind und die Mathematiker diese nur finden.

Gelehrte diskutieren diese Frage schon seit langem kontrovers. Und raten Sie mal mit welchem Ergebnis. Na klar, es lässt sich nicht abschließend sagen. Schon wieder eine Pattsituation. Aber daran haben wir uns ja mittlerweile gewöhnt. Machen wir uns unser eigenes Bild und schauen uns einmal an, wie es in einem Buch über höhere Mathematik zugeht. Dort sehen wir neben etwas erklärender Prosa einen sich immer wiederholenden Dreischritt: Definition – Satz – Beweis. Was hat es damit auf sich?

Nun, eine Definition ist bloß eine Namensgebung. Hier ein einfaches Beispiel, das jeder kennt:

- Definition: Eine Zahl heißt »gerade«, wenn man sie durch 2 teilen kann.[36]

  Ein Satz hingegen beschreibt eine Eigenschaft von dem, was definiert wurde. Ein Satz, der eine Eigenschaft von geraden Zahlen beschreibt, lautet:

- Satz: Wenn man zwei gerade Zahlen zusammenzählt, kommt wieder eine gerade Zahl heraus.

  Der dritte Schritt ist der Beweis und der zeigt, dass der Satz auch wirklich richtig ist.

- Beweis: Kommen Sie selber drauf? Schauen Sie bei Interesse in die Endnote[37] oder lesen Sie einfach weiter.

Jetzt kann man sich fragen, in welchem der drei Schritte eher erschaffen und in welchem eher entdeckt wird. Fangen wir vorne an.

Die Definition ist wie gesagt nur eine Namensgebung. Aber ist so ein Name nicht völlig egal? Wir hätten die »geraden« Zahlen auch wie in dem Musical Mary Poppins »supercalifragilisticexpialigetisch« nennen können. Offenbar ist nicht das Wort selbst wichtig. Entscheidend ist vielmehr die damit verbundene Abgrenzung anhand bestimmter *Eigenschaften*. Wir ziehen eine Grenze zwischen allem mit den Eigenschaften »Zahl« & »durch 2 teilbar« sowie allem anderen. Auf der einen Seite dieser Grenze befinden sich also zum Beispiel 8 oder 34. Auf der anderen Seite hingegen nicht nur 7 und 19, sondern auch alles andere, das nicht die Eigenschaften »Zahl« & »durch 2 teilbar« hat. Also auch Tütensuppe, Heimweh, Multiplikation usw. Diese Grenze ist natürlich erschaffen und damit auch die Definition.[38]

Der Satz sagt, wie sich das definierte Ding zu anderen (bereits definierten) Dingen verhält. In unserem Fall sagt er etwas über *Eigenschaften* von »geraden Zahlen« und »Zusammenzählen« aus. Dieses Verhalten war natürlich schon da, bevor es ein Mathematiker gemerkt hat. Der Satz ist also entdeckt.[39]

Der Beweis zeigt, dass der Satz richtig ist. Bei Beweisen werden die *Eigenschaften* der Dinge, die im Satz vorkommen, logisch miteinander in Beziehung gesetzt. Diese Beziehungen existieren jedoch, seitdem die Dinge definiert wurden. Sprich, die Beziehungen existieren, bevor überhaupt jemand versucht hat, den Satz zu beweisen. Damit ist auch der Beweis entdeckt.[40]

Soweit, so gut. Wir gehen ja der Frage nach, wie es kommt, dass die Objekte (da) sind. Wie kommt es also, dass Mathematik ist? Offenbar spielt die Definition die entscheidende Rolle. Denn wenn wir nichts definieren, können wir keine Sätze formulieren, die wir beweisen können. Die Definitionen bringen offenbar die mathematischen Objekte in ihre Existenz. Und so wird Mathematik samt all ihrer Objekte zu etwas Seiendem.

Na schön. Allerdings sagt man ja Mathematikern nach, sie lebten in ihrer eigenen Welt. Aber was ist mit unserer ganz alltäglichen Welt? Erschaffen wir uns die auch selbst? Etwa indem wir ihre Objekte definieren?

Jetzt kommt möglicherweise eine kleine Überraschung. Denn was wir über mathematische Objekte gesagt haben, gilt auch für alles andere, was (da) ist. Und zwar unabhängig davon, ob es sich dabei um Inhalte unserer Innenwelt (Sinneswahrnehmungen, Gefühle, Gedanken) oder unserer Außenwelt (z.B. Stern, Sturm, Stechmücke) handelt.

Nehmen wir als einfaches Beispiel einen Stuhl. Wie kommt es, dass er ist? Der Stuhl entsteht tatsächlich ebenfalls erst durch Definition. Diese trennt alle Dinge mit Stuhl-*Eigenschaften* (z.B. darauf sitzen können) von allen anderen Dingen (z.B. Schwimmbad, Himmel, Liebe, Zahlen, Bauchweh, Grün, ...), die sich durch andere Eigenschaften auszeichnen. Es gibt auch Sätze, die besagen, wie sich das definierte Ding Stuhl zu anderen (bereits definierten) Dingen verhält. Als Beispiel nehmen wir den Satz: Ein dreibeiniger Stuhl wackelt nicht. Dieser ist natürlich entdeckt, da er auch stimmt, wenn es niemand merkt. Wie es mit einem Beweis in der äußeren Welt aussieht, werden wir uns im übernächsten Abschnitt »Wahrheit als Wahrscheinlichkeit« genauer ansehen. Wir können aber hier schon überblicken, dass er genau wie in der Mathematik entdeckt wird. Nun geht es uns ja hier um das Sein. Das Dasein. Und da gilt wieder: Die Definitionen bringen die Objekte in ihre Existenz für uns. Und so wird Stuhl zu etwas Seiendem. Wer hätte das gedacht?

Da stellt sich natürlich gleich die Frage, ob der Stuhl nicht da wäre, wenn wir ihn nicht definiert hätten. Lassen Sie sich ein wenig auf die Folter spannen. Denn bevor wir sie im nächsten Abschnitt beantworten, bleiben wir noch kurz beim Sein und beim Seienden. Wir wissen jetzt schon einmal was Seiendes ist. Nämlich ganz einfach alles, was (da) ist – sprich, die Inhalte der Innen- und Außenwelt. Aber wir hatten ja gesagt, dass Philosophen zwischen Seiendem und Sein unterscheiden. Was ist dann das Sein (an sich)? Das ist zunächst einmal unspektakulär. Sein ist das, was allem Seienden zukommt. Das klingt zwar kompliziert, ist aber klar. Viel interessanter ist eine andere Beschreibung des Seins: Sein ist das Merkmal, was allem Seienden nach Abzug der jeweils individuellen *Eigenschaften* immer noch gemeinsam ist. Lassen Sie dies durchaus mal in Ruhe sacken.

Definieren heißt ja salopp gesagt, ein Bündel von Eigenschaften auswählen. Es sind demnach die Eigenschaften, die das Seiende erzeugen. Nun sind Eigenschaften vergänglich[41] und daher ist es auch alles Seiende. Nur das eigenschaftslose Sein, das ist zeitlos.[42] Es wird noch eine Weile dauern, aber dann wird diese Erkenntnis eine wichtige Rolle spielen.

Wirkung und Wirklickeit

Abb. 31: Aus der Münchner Wochenzeitschrift »Fliegende Blätter« (1892)

In Wittgensteins Sprachphilosophie spielt das Phänomen des Aspektwechsels bei der Betrachtung einer Kippfigur eine zentrale Rolle. In seinen Nachlassschriften zu den Philosophischen Untersuchungen nimmt er häufig als Beispiel zur Veranschaulichung den Hasen-Enten-Kopf. Seine Überlegungen untersuchten die Frage, was »sehen als …« im Unterschied zum »normalen« Sehen bedeutet. Seine Untersuchungen gehen so weit, dass er den Begriff auf verschiedenste Bereiche ausdehnt, wie z. B. das »Betrachten« eines Musikstückes als fröhlich, traurig, hektisch etc.

Hadern Sie damit, dass Stühle nur existieren, weil das Wort irgendwann mal definiert wurde? Gewiss, es klingt erst einmal nach Unsinn. Vielleicht sitzen Sie gerade auf einem Stuhl, während Sie lesen. Wäre der nicht da, wenn Sie »Stuhl« nicht definiert hätten? Würden Sie dann vielleicht sogar auf den Boden fallen? Schauen wir uns genauer an, was »definieren« wirklich ist.

Wir haben gesehen, eine Definition ist erschaffen und besteht in der Abgrenzung anhand bestimmter *Eigenschaften.* Das heißt, wir wählen Eigenschaften aus. Und zwar aufgrund ihrer *Bedeutung* für uns. Das ist des Pudels Kern! Genauer gesagt, der Kern unserer Wirklichkeit. Durch 2 teilbare Zahlen sind für uns genauso von Bedeutung wie etwas, worauf man sitzen kann. Unsere Sprache bringt dabei mit ihren Begriffen die Abgrenzungen zum Ausdruck, mit denen wir uns die uns umgebende Welt selbst erschaffen. Wie das geschieht, werden wir uns nun anhand zahlreicher Beispiele anschauen.

Die Bewohner Alaskas haben viel mehr Worte für unterschiedliche Schneearten als wir. Ganz einfach, weil die unterschiedlichen Schneearten verschiedene *Eigenschaften* besitzen, die für sie eine *Bedeutung* haben. »Die Grenzen meiner Sprache sind die Grenzen meiner Welt«, lautet das mittlerweile geflügelte Wort von Ludwig Wittgenstein. Dies meint letztlich, dass wenn wir keine solch fein differenzierten Wörter für Schnee haben, diese Differenzierung für uns keine Bedeutung hat. Und dann existieren diese unterschiedlichen Arten von Schnee für uns auch nicht.

Mus. 7: Snows

Abb. 32: (Pudel-)Wolke

Unser ganzes Leben ist wie ein Blick in die Wolken. Dort tummeln sich unzählige Wassermoleküle, aus denen sich Kinder zum Spaß Pudel und alles mögliche andere erschaffen. Ähnlich verhält es sich mit unserer Welt. Diese besteht aus Wirkchen. Und das sind ja Eigenschaften (entweder ohne etwas, das diese besitzt, oder von etwas, das uns prinzipiell unzugänglich ist). Diese Eigenschaften bilden Strukturen, was auch nichts anderes ist als Eigenschaften, nur eben von vielen Wirkchen (sprich vielen Eigenschaften) zusammen. Manche dieser wählen wir zur Abgrenzung aus. Und so erschaffen wir uns aus elementaren *Wirkungen* (= Wirkchen) unsere *Wirklichkeit.*

Als Sie oben das Kippbild aus der Münchner Wochenzeitschrift »Fliegende Blätter« das erste Mal erblickten, haben Sie vielleicht zunächst nur eine Ente gesehen. In diesem Moment hat der Hase nicht existiert. Oder aber es war umgekehrt. Dann sahen Sie erst den Hasen und die Ente existierte noch nicht. Entscheidend ist, dass wir daran sehen können, wie wir es sind, die die Ente bzw. den Hasen zu etwas Seiendem machen.

Also gut, aber was ist jetzt mit dem Stuhl? Den gäbe es in der Tat nicht, wenn wir »Stuhl« nicht definiert hätten. Genauso wenig wie die unterschiedlichen Arten von Schnee. Das ist zugegebenermaßen schwer verdaulich. Aber trösten Sie sich, auf den Boden fallen würden Sie nicht. Denn es gäbe dann auch kein Sitzen. Wie jetzt? Na ja, Stuhl definiert sich durch »darauf sitzen können«. Wenn es »Stuhl« nicht gibt, kann die Eigenschaft »darauf sitzen können« für uns keine Bedeutung haben. Daraus folgt, dass »sitzen« für uns keine Bedeutung hat. Und dann gibt es auch kein »sitzen«. Weder das Wort, noch die Tätigkeit. Aber wenn es kein »sitzen« gibt, fällt man natürlich nicht dadurch auf den Boden, dass es keinen Stuhl gibt.

Dass der Stuhl durch die Definition (da) ist, hat übrigens nichts damit zu tun, dass ihn ohne diese niemand gebaut und hingestellt hätte. Sie hätten nämlich auch einen Baumstumpf in freier Natur als Stuhl benutzen können. Dieser Baumstumpf wäre ja auch da, wenn sie Stuhl nicht definiert hätten. Dann allerdings eben nicht als Stuhl. Denn dann gäbe es kein Sitzen und der Baumstumpf hätte nicht die Eigenschaft, dass man darauf sitzen kann. Also wäre er dann für uns nichts, was man als Stuhl verwenden kann.

Es klingt vielleicht danach, als würden wir Worte immer weiter im Kreis drehen. Wenn es sich noch so anfühlt, bleiben Sie ein wenig dabei. Sobald einmal der Groschen fällt, ist alles klar. Egal ob Schnee, Pudel, Stuhl oder Baumstumpf, es ist immer wie beim Kippbild. Sie haben etwas vor sich, aus dem Sie ein Ding machen. Genau wie bei Ente oder Hase.

Dinge kommen in ihre Existenz, dadurch das wir sie definieren. Und »definieren« heißt Eigenschaften auswählen aufgrund von Bedeutung. *Ein Ding ist damit ein Bündel von für uns bedeutsamen Eigenschaften.*

Bevor wir weitermachen, begeben wir uns auf einen kleinen Exkurs. Er dient der Entspannung und führt uns aus einer anderen Richtung genau zu dem Punkt zurück, an dem wir gerade stehen.

Haben Sie einmal einen Film angeschaut und den Ton ausgemacht? Egal ob Horrorfilm oder Liebesdrama, alles wirkt auf einmal ziemlich fad. Aber auch wenn Sie sich die Filmmusik alleine anhören, werden Sie weniger ergriffen sein. Die Wirkung eines Films entfaltet sich offenbar im Zusammenspiel von Bild und Ton und ist dann größer als die Summe der beiden Teile. In der Kunst gibt es daher einen Grundsatz: Kontexte sind in ihrer Wirkung stärker als einzelne Eigenschaften. Ob Sie bei einem Musikstück an einer bestimmten Stelle eine Gänsehaut bekommen, liegt weniger an der *Eigenschaft* der Stelle selbst, sondern viel mehr am Kontext, in dem diese zum Rest des Stücks steht. Salopp gesagt, einen Höhepunkt erreicht ein Komponist dadurch, dass alles davor und danach nicht so hoch ist. Das ist zwar eine Vereinfachung. Komponieren ist schließlich vielschichtiger und feinsinniger, da es auf das schlüssige Zusammenwirken *aller* musikalischen Parameter ankommt. Aber entscheidend ist für uns hier die Erkenntnis, dass die Wirkung maßgeblich durch die Kontexte entsteht. Und was hat das nun mit geraden Zahlen und Stühlen zu tun?

Wenn wir definieren, dass eine Zahl gerade heißt, wenn sie durch 2 teilbar ist, haben wir es schon mit jeder Menge Kontext zu tun. Zunächst einmal mit all den *Eigenschaften* von »Zahl«, »teilbar« und »2«. Hinzu kommen all die *Erfahrungen* in diesem Zusammenhang. Wie oft haben wir schon durch zwei geteilt, wie oft hatten wir es mit einer Zahl zu tun, wie oft schon haben wir geteilt und wie oft schon sind wir einer 2 begegnet. All dies bildet einen großen Kontext, aus dem heraus sich die Bedeutungsfülle einer geraden Zahl bildet.

Möglicherweise kommt Ihnen das immer noch zu einfach vor. Es klingt ja fast so, als würden wir uns unsere Welt selbst erschaffen. Letztlich ist es aber wohl so. Unsere Sprache weist uns den Weg zu einem tieferen Verständnis. Wir wiederholen nochmal: *Seiendes* entsteht durch *Definition.* Diese bildet sich aus *Eigenschaften.* Deren *Auswahl* erfolgt anhand von *Bedeutung.* Nun tritt das Wort »Bedeutung« zumeist zusammen mit dem Verb »geben« oder »haben« auf. Dass wir Bedeutung geben, ist klar. Schließlich kann keine Bedeutung außerhalb eines Jemands entstehen. Andererseits fühlt es sich aber oft so an, als wäre Bedeutung schon von vornherein da. Hunger, Eiseskälte, Schmerzen etc. haben doch eine Bedeutung, an der wir nicht einfach etwas ändern können. Jain, zunächst kann man sich klar machen, dass wir auch in diesen Fällen Bedeutung geben, allerdings unbewusst. Sicherlich spielt dabei unsere genetische Programmierung auch eine Rolle. Hunger, Eiseskälte und Schmerzen sollte unsere Spezies eher vermeiden, wenn sie überdauern will. Trotzdem haben uns verschiedene Menschen immer wieder gezeigt, dass wir beim Geben von Bedeutung weniger festgelegt sind, als es auf den ersten Blick scheint. Manche haben Glücksgefühle durch Fasten. Andere bekommen positive Erlebnisse, indem sie sich Kälte aussetzen. Wieder andere suchen bewusst den physischen Schmerz. Es gibt zahlreiche teils spektakuläre Phänomene, die letztlich auf das Geben von anderer Bedeutung zurückgehen. Es ist zum Beispiel manchen Menschen möglich, ohne Anästhesie und ohne Leiden kleinere medizinische Eingriffe an sich vornehmen zu lassen. Die gängigen Automatismen, die Schmerz eine negative Bedeutung geben, sind natürlich so stark, dass dies nicht jeder sofort nachmachen kann. Es wäre überhaupt zynisch, zu sagen, wer leidet, solle einfach etwas umdeuten. Unser gesamtes Nervensystem basiert schließlich auf unbewussten Automatismen. Sonst würden wir gar nicht funktionieren. Und doch lohnt die Erkenntnis, dass Bedeutung nur wir selbst vergeben und Dinge sie nicht grundsätzlich haben. Dadurch werden wir handlungsfähiger. Denn je nachdem, wie wir Bedeutung »geben«, schaffen wir uns unsere Welt. Je mehr dagegen die Dinge für uns Bedeutung »haben«, desto eher sind sie Teil einer Welt, der wir ausgeliefert sind.

Wir haben es offenbar bis zu einem gewissen Grad selbst in der Hand, inwieweit wir uns unserer Welt ausliefern wollen. Nun ist es manchmal auch sinnvoll, dies zu tun. In der Schulzeit akzeptierten Sie, dass Buchstaben, Wörter und Sätze bereits Bedeutung haben. Sie hätten ihnen auch eigene Bedeutungen geben können. Das allerdings hätte manches in Ihrem Leben erschwert. Dieser Text zum Beispiel wäre für Sie dann nur Buchstabensuppe. Daher haben Sie nach dem Motto »Konsens statt Nonsens«

die Bedeutung von Buchstaben, Wörtern und Sätzen bereitwillig übernommen. Aber geht sowas überhaupt? Haben Buchstaben, Wörter und Sätze wirklich für alle die gleiche Bedeutung? Hat dieses Buch für jeden von uns den gleichen Inhalt? Leben wir in der gleichen Welt, wenn wir sie uns letztlich selbst erschaffen? Und wie können wir uns dann überhaupt gegenseitig verstehen?

Wahrheit als Wahrscheinlichkeit

Abb. 33: Andy Warhol: »Untitled from Marilyn Monroe« (1967)

Der Künstler Andy Warhol war für seinen besonderen Umgang mit Farben bekannt. Seine Technik der komplementären Farbsortierung – sprich, der Verwendung von Farben, die auf den gegenüberliegenden Seiten des Farbkreises liegen – spielte eine Rolle bei Warhols Aufstieg zum Ruhm. In einem seiner bekanntesten Werke »Untitled from Marilyn Monroe« (1967) verwendet Warhol nicht-symbolische Farben, die er selbst als »künstlich« bezeichnete. Jede Farbvariation verkörpert ihren eigenen Ton und ihre eigene Stimmung. Eigentlich besteht das Werk aus verschiedenen Einzelstücken, die sich lediglich durch vertauschte Farben unterscheiden.

In diesem Abschnitt werden wir sehen, dass es das eigentlich recht unscheinbare Wörtchen »Wahrheit« in sich hat. Naturwissenschaftler, Philosophen und natürlich auch Pinocchio kommen bei diesem Begriff schnell ins Schwitzen. Sie hingegen können sich beruhigt zurücklehnen. Es geht hier nämlich nicht darum, wie häufig Sie flunkern. Wir alle wissen schließlich, dass wir gelegentlich getäuscht werden. Sowohl von anderen Menschen als auch von unseren eigenen Sinnesorganen.

Uns interessiert vielmehr die Frage, ob und wieviel Wahrheit es überhaupt geben kann. Wahrheit bezieht sich immer auf eine *Aussage* über etwas. Die Dinge an sich sind ja weder wahr noch falsch. Nun kann man vorweg zwischen wahrheitsfähigen und nicht wahrheitsfähigen Aussagen unterscheiden. Nicht wahrheitsfähig sind *normative* (»Du sollst …«) und *metaphysische Aussagen* (z.B. »Gott ist groß«). Diese können wir hier gleich einmal ausklammern. Wie aber sieht es mit wahrheitsfähigen Aussagen aus? Da gibt es genau drei Arten: Beschreibende, verallgemeinernde und schlussfolgernde. Diese werden wir uns nun anschauen.

Eine *beschreibende Aussage*[43] ist beispielsweise: »Die Tomate ist rot.« Man könnte meinen, da ist doch alles klar. Aber genau hier beginnen die Schwierigkeiten. Und zwar bei der Wahrnehmung. Wenn Sie alle Dinge, die andere Menschen als rot sehen, als grün wahrnehmen, wird das wohl niemals jemand erfahren. Denn auch Sie werden sagen, dass eine Tomate rot ist. Auch wenn Sie dabei die gleiche Farbwahrnehmung haben, wie andere Menschen bei einer Gurke. Was ist denn dann die *wahre* Farbe? Na, Rot natürlich. Wir Menschen (so auch Sie) haben auf der Basis unserer Farbwahrnehmung Gurken und Frösche in eine Kategorie namens »Grün« zusammengefasst, Tomaten und Rosenblätter hingegen in eine andere namens »Rot«. Der Grund dafür besteht darin, dass sich Gurken und Frösche bei der Farbwahrnehmung *wenig* unterscheiden, Gurken und Tomaten hingegen *stark*. Dieser Unterschied ist *quantitativer* Natur. Über quantitative Unterscheidungen können wir uns gut verständigen. So lässt sich zumeist leicht Einigkeit erzielen bei Fragen nach wie schnell, wie lang, wie weit, wie hoch, etc. Bei *qualitativen* Unterschieden hingegen sieht das ganz anders aus. Die sind gewissermaßen prinzipiell Privatsache. Dass eine Tomate rot ist, können wir daher zwar in quantitativer Hinsicht als wahr annehmen. Der Farbe Rot lässt sich ja sogar ein Frequenzbereich der Lichtwellen zuordnen. In qualitativer Hinsicht hingegen sagt es nichts aus, da jeder Rot vielleicht anders wahrnimmt.

Mus. 8: The Yellow Theme

Können dann qualitative Aussagen grundsätzlich nicht wahr oder falsch sein? Wie ist es zum Beispiel, wenn jemand sagt, »Ich bin verliebt«? Tatsächlich können wir letztlich nur darüber spekulieren, inwieweit dieser jemand sich genauso fühlt, wie wir, wenn wir diesen Satz sagen würden. Dadurch zeigt sich aber nicht, ob der Satz wahr oder falsch ist. Allerdings hat solch ein Satz immer auch etwas Quantitatives. Hier bringt er ein erhöhtes Maß an Emotionalität zum Ausdruck. Das wäre eventuell sogar mit Apparaten messbar. Auf dieser Ebene kann der Satz also wahr oder falsch sein.

Also gut, dann müssten wir ja rein quantitative Aussagen eindeutig als wahr oder falsch identifizieren können. Nehmen wir den Satz »Draußen stehen drei Bäume«. Wer richtig zählen kann, wird hier doch zum gleichen Ergebnis kommen, oder nicht? N … J … Njain. Die Einigkeit geht nur bis zur Zahl drei. Denn »draußen«, »stehen« und »Bäume« sind Begriffe, die wir durch ausgewählte Eigenschaften definiert haben. Die Auswahl erfolgte aufgrund von Bedeutung, die wir ihnen gegeben haben. Und Bedeutung ist subjektiv. Somit sind es letztlich auch die Begriffe. Es könnten ja in unserem Fall draußen nur kleine Setzlinge stehen, die viele für eine Blume halten, oder Metallstangen, die nur versierte Segler als (Mast-) Baum erkennen. Und was alles kann »draußen« und »stehen« für verschiedene Menschen in unterschiedlichen Kontexten bedeuten. Es gibt daher nur eine Möglichkeit, etwas über den Wahrheitsgehalt des Satzes aussagen zu können. Indem wir annehmen, dass unsere Begriffsbedeutungen denen unseres Gegenübers weitgehend ähneln. Von wegen, man soll nicht von sich auf andere schließen. Es bleibt uns offensichtlich gar nichts anderes übrig. Aber dies ist natürlich bis zu einem gewissen Grad immer spekulativ. Somit bleibt auch der Wahrheitsgehalt quantitativer Aussagen einer gewissen Wahrscheinlichkeit unterworfen.

Kommen wir nun zu den *verallgemeinernden Aussagen*[44]. Ein klassischer Fall wäre der Satz »Alle Schwäne sind weiß«. Hier gilt gleichermaßen, was wir über qualitative und quantitative Anteile einer Aussage sowie über die subjektive Bedeutung von Begriffen gesagt haben. Hinzu kommt allerdings noch eine Besonderheit. Der Satz zeugt von zahlreichen Begegnungen mit Schwänen, die alle weiß waren. So steigt bei jeder weiteren Begegnung die Wahrscheinlichkeit, dass der Satz wahr ist. Aber natürlich kann niemand allen Schwänen insgesamt begegnen. Und so bleibt immer eine Restunsicherheit, ob der Satz wahr ist. Sicherheit hingegen kann es nur darüber geben, dass ein Satz falsch ist. Man muss ja nur einem einzigen schwarzen Schwan begegnen und schon kann man sagen, dass der Satz sicher falsch ist. Auch hier zeigt sich also Wahrheit als Wahrscheinlichkeit, und nur Falschheit als Gewissheit.

Schauen wir uns als letztes noch *schlussfolgernde Aussagen*[45] an. Ein Beispiel lautet: »Wenn der Verdächtige zur Tatzeit nicht am Tatort war, ist er unschuldig.« Typisch ist die Wenn-Dann-Formulierung. Es geht also um eine logische Schlussfolgerung, die tatsächlich absolute Wahrheit erzeugt. Allerdings nur unter der Voraussetzung, dass die Prämisse wahr ist. Die Wahrheit der Prämisse existiert aber auch wieder nur als Wahrscheinlichkeit (oder durch Schlussfolgerung aus anderen Prämissen). Auch hier kommen wir also letztlich nicht zu absoluten Wahrheiten, sondern nur zu Wahrscheinlichkeiten.

Eine Ausnahme, die absolute Wahrheit ermöglicht, ist die Mathematik. Sie geht von sogenannten Axiomen aus. Dies sind Prämissen, die so grundständig sind, dass man sie nicht mehr logisch herleiten kann. So zum Beispiel das Axiom »Jede natürliche Zahl hat eine natürliche Zahl als Nachfolger«.[46] Man behauptet einfach, dass dies so ist und erschafft dadurch einen abgeschlossenen Raum jenseits unserer Welt. Innerhalb dieses Raums können dann schlussfolgernde Aussagen eine absolute Wahrheit erzeugen. Diese ist jedoch rein theoretischer Natur. Wenn wir sie aber auf unsere Welt übertragen, geht das Absolute wieder verloren. Wenn nämlich beispielsweise Physiker unsere Welt mit mathematischen Formeln beschreiben, tun sie das immer unter der Prämisse, dass sich unsere Welt tatsächlich entsprechend dieser oder jener Formel verhält. Diese Prämisse hat sich jedoch in der Geschichte der Naturwissenschaften schon allzu oft als falsch erwiesen. Noch so sicher geglaubte Annahmen stellten sich irgendwann als nicht zutreffend heraus. Alles in allem stellen wir also fest, dass in unserer konkreten Welt Wahrheit immer nur eine Wahrscheinlichkeit ist.

Es gibt eine Vielzahl an Wahrheitstheorien,[47] die alle auf ihre Weise mit den oben beschriebenen Schwierigkeiten ringen. Entweder sie knüpfen Wahrheit an objektive Tatsachen, die es in unserer Welt aber letztlich nicht gibt. Oder sie geben verschiedene Kriterien an, die es wahrscheinlicher machen, dass etwas wahr ist. Andere wiederum zeigen, dass es absolute Wahrheit nicht gibt und stellen den Begriff an sich in Frage. Was bedeutet es aber nun für uns, dass wir in einer Welt leben, in der es keine absolute Wahrheit, sondern nur Wahr-Scheinlichkeit gibt?

Handeln als Aushandeln

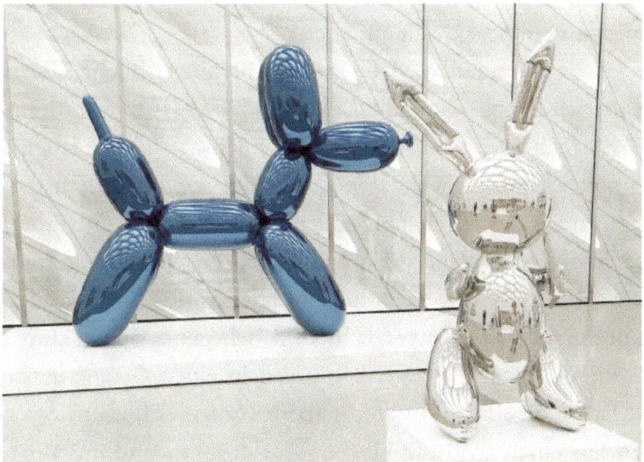

Abb. 34: Jeff Koons: »Balloon Dog« und »Rabbit« (1994 und 1986)

Der US-amerikanische Künstler Jeff Koons verwendet Zeugnisse des konsumorientierten Handels als Ausgangspunkte und verfremdet oder imitiert sie. Er bearbeitet so auch Objekte aus der Alltagskunst und der Werbung. Seine Kunstwerke bewegen sich aufgrund ihrer ironisierenden Wirkung zwischen Kitsch und Kunst. Während sein Werk »Balloon Dog«

2013 mit 58 Millionen US-Dollar gehandelt wurde, brachte eine Versteigerung der Skulptur »Rabbit« durch das Auktionshaus Christie's im Mai 2019 die Rekordsumme von 91 Millionen US-Dollar. »Rabbit« gilt damit als das am teuersten gehandelte Werk eines noch lebenden Künstlers.

Unser menschliches Handeln hat natürlich zunächst einmal den Zweck, auf unsere Umgebung Einfluss zu nehmen. Nach dem Motto »Ich mach mir die Welt widi widi wie sie mir gefällt« versuchen wir im Rahmen unserer geringen Möglichkeiten, gewünschte Veränderungen zu bewirken. Das ist aber sozusagen nur die Fassade.

Da es statt Wahrheit nur Wahr-Scheinlichkeit gibt, kommt unserem Handeln noch eine ganz andere Rolle zu. Denn unsere Welt zeigt sich uns erst im Wechselspiel zwischen Aktion und Reaktion. Dies ist der Grund, warum Kleinkinder alles anfassen. Sie wollen begreifen. Darum machen Wissenschaftler Experimente. Jede Handlung *entscheidet* über das, was wir von der Welt erleben. Aus dem Erlebten entsteht ein Weltbild. Vielzahl und Vielfalt der Erlebnisse führen dazu, dass sich dieses Bild einer Wahrheit zumindest ein Stück weit annähert.

Dies gilt in besonderem Maße im zwischenmenschlichen Bereich. Für unser Miteinander ist es nämlich eine besondere Herausforderung, dass es statt Wahrheit nur Wahr-Scheinlichkeit gibt. Wir alle leben schließlich in unserer eigenen Welt, deren Seiendes wir uns durch das Geben von Bedeutung selbst erschaffen haben. Wie sollen wir uns über so eine Welt verständigen? Da sind doch Missverständnisse vorprogrammiert. Es ist sogar fraglich, ob ein gegenseitiges Verstehen unter diesen Umständen überhaupt möglich ist. Wäre es da nicht naheliegend, sich in eine Isolation zu begeben? Offenbar gibt es tief in uns drin einen *Grund*, dies nicht zu tun. Wir haben bereits im Abschnitt »Bedeutung der Bedeutung« gesehen, dass es in uns einen Urgrund gibt, uns ausdrücken und uns verstehen zu wollen. Wenn wir versuchen, uns mit anderen Menschen über unsere Welt zu verständigen, erleben wir deren Andersartigkeit. Daran können wir *uns selbst erkennen*. Daran erleben wir die Bedeutung *unserer* Bedeutung. So erst gewinnen wir *Identität*. Und deshalb gehört zu unserem Menschsein ein Verlangen, immer wieder aufs Neue die Welt der Anderen zu besuchen.

Zu diesem Besuch gehört nicht nur stilles Beobachten, sondern auch wieder unser eigenes Handeln. Echte Begegnung bedarf der Interaktion.

Auch hier braucht es das Wechselspiel zwischen Aktion und Reaktion. Denn dadurch eröffnen sich tiefere Einblicke in die Andersartigkeit der Anderen. Unser Handeln bestimmt über den Fortgang dieses Wechselspiels. Jede *Entscheidung* beeinflusst das, was wir von der Welt der Anderen erleben. Indem wir das Heft des Handelns in die Hand nehmen, handeln wir unsere Welt miteinander aus. Immer wieder aufs Neue. Dadurch wird ein wahres Verständnis wahrscheinlicher. Dadurch schlagen wir eine Brücke zwischen der Subjektivität von Bedeutung und der Bedeutungslosigkeit des isolierten Subjekts.

Wille ohne Wahl

The Road Not Taken
Robert Frost (1915)

Two roads diverged in a yellow wood,
And sorry I could not travel both
And be one traveler, long I stood
And looked down one as far as I could
To where it bent in the undergrowth;

Then took the other, as just as fair,
And having perhaps the better claim,
Because it was grassy and wanted wear;
Though as for that the passing there
Had worn them really about the same,

And both that morning equally lay
In leaves, no step had trodden black.
Oh, I kept the first for another day!
Yet knowing how way leads on to way,
I doubted if I should ever come back.

I shall be telling this with a sigh
Somewhere ages and ages hence:
Two roads diverged in a wood, and I—
I took the one less traveled by,
And that has made all the difference.

Abb. 35: Gedicht »The Road Not Taken«

Die Bedeutung einer jeden Entscheidung wird eindrucksvoll in dem Gedicht »The Road Not Taken« (Robert Frost) zum Ausdruck gebracht. Der Erzähler steht im Wald an einer Weggabelung und fragt sich, in welche Richtung er weitergehen soll. Da ihm beide Wege gleichermaßen zusagen, entscheidet er sich ohne triftigen Grund für einen von beiden. Dabei wird ihm klar, dass diese belanglose Entscheidung sein ganzes Leben verändern wird. Auf poetische Weise zeigt sich somit die schicksalhafte Tragweite jeglicher noch so unbedeutenden Entscheidung, die jedem Moment unseres Lebens innewohnt.

Es gibt wenig, mit dem wir unsere eigene Identität so sehr in Verbindung bringen wie mit unserem *freien Willen*. Er scheint Ausgangspunkt jeder unserer Handlungen zu sein. Natürlich sind wir uns über gewisse Einschränkungen unserer Entscheidungsfreiheit im Klaren. Wir sind aufgewachsen unter bestimmten Lebensumständen, die uns geprägt haben. Unser Elternhaus, unsere Schulbildung, die gesamte Sozialisation, eigentlich unsere komplette Biografie bildet den Hintergrund für jede Entscheidung, die wir treffen. Dieser Hintergrund macht uns aus, und beeinflusst selbstverständlich jeden Entschluss. Aber dennoch haben wir die klare Vorstellung, dass wir unsere Entscheidungen frei treffen. Was allerdings bedeutet es genau, sich *frei* zu entscheiden? Dafür gibt es zwei Kriterien:

1. *Unser Wille ist frei, wenn wir zwischen verschiedenen möglichen Zukünften wählen können.*
2. *Freier Wille bedeutet, dass wir uns in der Vergangenheit auch anders hätten entscheiden können.*

Soweit, so klar. Denn genau so erleben wir uns täglich selbst. Sonst noch was? Leider ja. Wäre da nämlich nur nicht die Wissenschaft. Vielleicht vermuten manche biologisch interessierte Leser nun, dass wir das berühmte Libet-Experiment und Folgeexperimente besprechen. Diese zeigen, dass unser Gehirn oft Entscheidungen trifft, weit bevor wir uns ihrer bewusst werden. Dies widerspricht aber freiem Willen nicht zwangsläufig. Es ist immerhin denkbar, dass im Prozess einer freien Entscheidungsfindung wesentliche Teile unbewusst stattfinden und eine Bewusstwerdung erst nach Abschluss des unbewussten Abwägungsprozesses stattfindet.

Das wirkliche Problem des freien Willens liegt auf der Ebene der kleinsten Bausteine unserer Welt. Dort stellen wir fest, dass die Wechselwirkungen zwischen unseren Wirkchen vorbestimmt sind. Unsere Naturgesetze beschreiben genau dies. Gesetze wie zum Beispiel »Einfallswinkel gleich Ausfallswinkel«. Schon mal gehört, oder? Dieses Gesetz besagt, dass beim Billard *jede* Kugel exakt so von der Bande abprallt und dass ein Spiegel *jedes* Lichtteilchen auf genau diese Weise reflektiert. Dass wir durch

Experimente überhaupt solche Naturgesetze finden, zeigt ja gerade, dass die Natur in ihrem Ablauf vorbestimmt ist. Der Lauf der Welt hat also etwas von einem Schweizer Uhrwerk. Und damit auch wir. Wenn die Prozesse der Wirkchen in unserem Gehirn vorherbestimmt ablaufen, so sind es auch unsere Entscheidungen.

Aber sind diese Prozesse wirklich ausschließlich vorbestimmt? Die Antwort lautet bekanntermaßen nein[48]. Sie wissen ja schon, dass es auf der Ebene der Quanten Prozesse gibt, die nicht vorbestimmt sind. Wir sollten jedoch nicht zu früh triumphieren und an dieser Stelle Spielraum für freien Willen sehen. Diese Prozesse verlaufen nämlich zufällig. Und zwar fundamental zufällig. Also nicht wie beim Würfeln. Dort sind die Ergebnisse zwar für den Menschen unvorhersehbar, aber doch durch die Wurfbewegung festgelegt. Auch nicht wie bei einem Zufallszahlengenerator in einem Computer. Der verwendet einen festen Algorithmus wie beispielsweise die Ziffern der Kreiszahl π ab einer bestimmten Nachkommastelle. Letztere sind zwar in ihrer Abfolge von echtem Zufall nicht unterscheidbar. Jedoch könnte sie jeder Computer, der weiß, um welche Nachkommastelle es sich handelt, alle weiteren Ziffern vorhersagen. Bei den kleinsten Bausteinen unserer Natur hingegen ist *purer* Zufall im Spiel. Man kann nachweisen, dass die Elementarteilchen, wenn sie sich unvorhersehbar verhalten, dies nicht aufgrund von versteckten Eigenschaften tun, sondern aufgrund *absoluten* Zufalls.

Spielraum für freien Willen entsteht dabei nicht. *Wahrer* und *absoluter* Zufall beinhaltet schließlich, dass es keinen Grund für das Ergebnis gibt, sprich, dass *nichts* und *niemand* das Ergebnis bestimmt. Sollten also ihrer Hirnteilchen mit zufälligen Prozessen an einer Entscheidung beteiligt sein, dann haben *Sie* dabei gar keinen Einfluss. Da kann man dann wohl kaum sagen, dass Sie etwas gewählt hätten. Alles in allem lässt sich also kein freier Wille ableiten, wenn unser Gehirn nur auf der Basis vorherbestimmter oder rein zufälliger Prozesse arbeitet.

Abb. 36: Ernst Handl: »Freier Wille« (1982)

Das Bild »Freier Wille« von Ernst Handl zeigt einen Menschen, der von verschiedenen Dingen durchdrungen und umfangen ist. Offenbar wird er dadurch von einem hinter ihm stehenden Wesen gesteuert. Weder sein Körper noch sein Gehirn können offensichtlich frei agieren.

Soll das wirklich heißen, dass unser Gefühl von freiem Willen eine Illusion ist? Die ehrliche Antwort lautet: Aus naturwissenschaftlicher Sicht wahrscheinlich ja. Diese Aussage lässt denen, die es ohne freien Willen nicht aushalten, zwei Auswege. Der eine liegt in dem Wort naturwissenschaftlich. Wir haben ja bereits im Abschnitt »Steppenwolf« gesehen, dass der Bruch mit den Naturgesetzen ein Schlupfloch für den Dualismus war. Durch diesen Bruch wäre es auch hier möglich, dass der Geist auf Materie Einfluss nehmen kann. Daraus ließe sich dann freier Wille konstruieren. Aber dies ist aus naturwissenschaftlicher Sicht keine Option.

Der zweite Ausweg liegt in dem Wort wahrscheinlich. Eine Restunsicherheit bleibt dadurch, dass unsere elementaren Naturbausteine grundsätzlich unbestimmt sind. Dies verbindet sich mit dem Namen Heisenberg. Nicht der aus »Breaking Bad«, der andere. Entsprechend dessen »Unbestimmtheitsrelation« kann man sich die Welt vorstellen wie ein Bild, in das man nur begrenzt hineinzoomen kann, bevor die einzelnen Pixel so groß werden, dass es immer unschärfer wird. Dies hat nichts mit der Ungenauigkeit von unseren Messgeräten zu tun. Die Natur lässt sich prinzipiell nur begrenzt in die Karten schauen. Ihre kleinsten Bausteine sind von Haus aus etwas unklar. Ähnlich wie bei Pixel-Art. Dies ist eine Stilrichtung in der Computerkunst, die Rastergrafiken verwendet und dabei das beschränkte Auflösungsvermögen von Bildschirmen als Stilmittel benutzt. Das dargestellte Bild von Pixomat zeigt das Portrait einer Person, über deren Äußeres wir nur einen vagen Eindruck bekommen. Detaillierte Eigenschaften der Physionomie offenbaren sich nicht, egal wie nah wir an das Bild herantreten. Diese Unbestimmtheit verleiht der Person etwas Mysteriöses und Interessantes, wodurch das Bild einen besonderen Reiz auf den Betrachter ausübt.

Abb. 37: Pixomat @We Love 8bit Art Show Vienna

Aus der Unbestimmtheitsrelation ergibt sich eine gewisse Unvorhersehbarkeit. Und so gibt es Forscher, die es für möglich halten, dass sich daraus freier Wille konstruieren lässt. Es gibt auch Hinweise, dass sich unser Gehirn gewisse Zufallsprozesse der Natur zu Nutze macht. Desweitern gibt es quantenmechanische Prozesse, die zufällig oder indeterminiert ablaufen und zu neurologischer Aktivität hochskaliert sein könnten. Ja es gibt sogar Forschungsansätze, die Bewusstsein im Gehirn innerhalb sogenannter Mikrotubuli[49] genau auf der Ebene der Quanten versuchen zu erklären. Folgt man aber der Meinung der meisten Physiker, so erscheint es als sehr unwahrscheinlich, dass hier die Ursprünge für einen freien Willen verborgen liegen.

Immerhin lässt uns die Naturwissenschaft den berühmten Strohhalm, an den man sich klammern kann. Wenn auch Sie sich nicht so leicht von Ihrem freien Willen verabschieden wollen, befinden Sie sich in guter Gesellschaft. Es gibt durchaus renommierte Naturwissenschaftler[50], die es zumindest für möglich halten, dass freier Wille aufgrund der oben genannten Auswege existieren könnte. Gleichwohl sprechen wir hier von einer Minderheit. Deshalb kommen wir nicht umhin, uns ernsthaft zu überlegen, was es bedeutet, wenn es tatsächlich keinen freien Willen gibt.

Der Gedanke, dass wir keinen Einfluss auf unsere eigenen Entscheidungen haben, verursacht bei vielen Menschen ein gewisses Unbehagen. Oft versuchen sie ihn als absurd zu entlarven und reagieren ungläubig. Daher werden wir uns nun typische Fragen anschauen, die zu freiem Willen gestellt werden. Die Antworten werden zeigen, dass sich ohne diesen erstaunlich wenig ändert.

Ist mein freier Wille nicht das, was mich ausmacht? Nein, was Sie ausmacht, sind Ihre Eigenschaften. Das haben Sie mit allem Seienden gemeinsam. Egal ob Mitmensch, Hund, Baum, Tennisball oder sogar Wirkchen. Das, was Dinge ausmacht, sind ihre Eigenschaften und die zeigen sich erst in der Wechselwirkung mit anderen Dingen. Freiheit spielt dabei keine Rolle. Sie können auch sagen, das, was Sie ausmacht, ist Ihr Charakter. Oder Ihr Wille, wenn Sie wollen. Nur der ist eben vermutlich nicht frei.

Kann ich denn nicht tun, was ich will? Natürlich können Sie das. Aber Sie können nicht wählen, was Sie wollen. Das, was Sie wollen, entsteht in Ihnen, abhängig von inneren Zuständen und äußeren Umständen, in denen Sie sich befinden. Und das in jeder Situation aufs Neue.

Aber hätte ich heute Morgen nicht Tee statt Kaffee wählen können? Nun ja, beide Getränke standen zur freien Auswahl. Aber heute Morgen befanden Sie sich in einem inneren Zustand und sahen sich äußeren Umständen gegenüber. Vor diesem Hintergrund haben Sie Kaffee gewählt. Wenn wir die Uhr nun auf heute Morgen zurückdrehen könnten, befänden Sie sich wieder im identischen inneren Zustand. Auch würden Sie exakt dieselben äußeren Umstände vorfinden. Dann würden Sie wohl das gleiche wollen wie heute morgen. Denn dies ist eine Eigenschaft von Ihnen. Ein Teil von dem, was Sie ausmacht.

Bin ich ohne freien Willen für mein Handeln verantwortlich? Jetzt wird es spannend. Die Antwort lautet nein. Wir müssten ohne freien Willen den Begriff aus unserem Rechtsverständnis herausnehmen.[51] Aber auch dann noch können wir unsere bestehenden Gesetze aus unserem Gesellschaftssystem ableiten, das zwischen individueller Freiheit und kollektivem Wohlbefinden abwägt.[52] Wenn Sie also jetzt eine Straftat begehen, könnten Sie ohne freien Willen mit gewisser Berechtigung sagen, Sie wären nicht verantwortlich. Sie würden aber genauso verurteilt. Auch gegenüber sich selbst könnten Sie alle Verantwortung von sich weisen. Allerdings müssten Sie sich dann eingestehen, dass das, was Sie ausmacht, anderen Menschen schadet.

Wenn ich nicht frei agieren kann, wozu soll ich dann noch für irgendetwas Motivation aufbringen? Naja, Sie waren bisher motiviert, da Sie wie wir alle auf Sinnhaftigkeit und Wohlbefinden ausgerichtet sind. Natürlich könnten Sie ab jetzt die Beine hochlegen und nichts mehr tun. Aber ob das auf Dauer eine gute Strategie ist, um Ihrem Leben Sinnhaftigkeit und Wohlbefinden zu bescheren, ist fraglich. Bisher haben Sie sich jedenfalls anders entschieden. Vielleicht nicht frei, aber aus gutem Grund.

Wieso handele ich manchmal so, dass es jemand anderem gut geht anstatt mir selbst? Dieses Verhalten kann ein besonderes Wohlbefinden hervorrufen, weil man damit »Gutes tut« und so anerzogenen Wertevorstellungen entspricht. Und diese wurden anerzogen, da unsere Gesellschaft auch auf kollektives Wohlbefinden ausgerichtet ist.

Kann ich mich nicht auch mal entscheiden, etwas gegen meinen Willen zu tun? Jain, Sie können diese Zeilen zum Anlass nehmen, das Gegenteil von dem zu machen, was Sie eigentlich tun würden. Dann wäre das Gegenteil aber der neue Wille, für den Sie nach dem Lesen dieser Zeilen sozusagen keine Wahl hatten.

Und was ist mit meinem Selbstwert, wenn ich nur vorbestimmt handele? Zunächst einmal ist Ihr Wert als ein Jemand unabhängig von Ihren Handlungen. Schließlich ist ja jeder Mensch laut unserer Ethik gleich viel wert. Aber natürlich unterziehen wir auch unser Handeln einer stetigen Bewertung. Dabei spielt es erstaunlicherweise keine Rolle, ob wir gerade anders hätten handeln können. Nehmen Sie einen guten Reflex beim Sport. Oder den vergeblichen Versuch, einer schlechten Angewohnheit zu widerstehen. So überraschend es sein mag, die Freiheit des Willens ist keine notwendige Voraussetzung für eine Bewertung dieser Handlungen. Schließlich bewerten wir andauernd alles Mögliche um uns herum, auf das wir keinen Einfluss haben. Dementsprechend ist ein Bewerten des eigenen Handelns unabhängig von freiem Willen grundsätzlich möglich und sinnvoll.

Letztendlich laufen die Antworten alle auf ein ähnliches Argument hinaus: Wir haben unsere Gründe (v. a. Wohlbefinden, Sinnhaftigkeit). Aufgrund derer kommen freier und vorbestimmter Wille immer zum gleichen Ergebnis. Dies gilt auch, wenn die Gründe völlig belanglos sind. Daher macht es für die Beantwortung der Fragen keinen Unterschied, ob unser Wille frei ist oder nicht.

Das ist doch total verrückt. Wir starteten diesen Abschnitt mit der Feststellung, dass es wenig gibt, mit dem wir unsere eigene Identität so sehr in Verbindung bringen wie mit unserem freien Willen. Und nun stellen wir fest, dass sich ohne ihn nichts ändert? Langsam, eine Frage ist noch offen und die lautet: *Was hat das Leben für einen Sinn, wenn all unser Wollen vorbestimmt ist?*

Sinn von Sinn

Abb. 38: Rest von Joseph Beuys' »Fettecke« (1982) nach Zerstörung 1986

Eines der bekanntesten versehentlich zerstörten Kunstwerke ist die »Fettecke« von Joseph Beuys aus dem Jahr 1982. Es bestand aus mehreren Kilogramm Butter, die in der Düsseldorfer Kunstakademie an einer Wand in zwei Metern Höhe angebracht waren. Ein pflichtbewusster Hausmeister kratzte das berühmte Kunstwerk des exzentrischen und umstrittenen Aktionskünstlers 1986 weg. Die Reste der Fettecke sind heute noch zu sehen und durch eine Glasscheibe geschützt. Sowohl die damalige Installation des Künstlers als auch ihr heutiges Relikt werfen für den Betrachter in besonderer Weise die Frage nach dem Sinn des Werkes auf.

Es ist wohl eine der monumentalen Fragen unserer Existenz. »Was ist der Sinn des Lebens?« Die Art der Fragestellung suggeriert, dass ein Sinn schon da ist, den es jedoch wie bei einem Rätsel noch herauszufinden gilt. Viele Menschen hingegen fragen sich »Wie gebe ich meinem Leben einen Sinn?« Dies deutet eher darauf hin, dass Sinn noch nicht da ist, weshalb der Mensch diesen erschaffen möchte. Vielleicht überlegen wir uns erst einmal, was Sinn eigentlich ist.

Zunächst fällt auf, dass es für das Wort »Sinn« verschiedene Lesarten gibt. Zum einen meinen wir damit unsere Fähigkeit zur *Wahrnehmung*. In diesem Zusammenhang sprechen wir dann auch von unseren Sinnesorganen. Zum anderen benutzen wir das Wort Sinn auch im Sinne von *Bedeutung*. Wenn man sich fragt, welchen Sinn die Fettecke bei Joseph Beuys hat, geht es offensichtlich darum, was sie ausdrücken soll. Zum dritten verstehen wir unter Sinn auch so etwas wie *Intention*. So beschäftigen wir uns zum Beispiel bei der Frage nach dem Sinn der Schulpflicht damit, welche Absicht dahintersteckt. Sinn meint also je nach Lesart Wahrnehmung, Bedeutung und Intention.

Interessanterweise gibt es genau diese drei Lesarten von Sinn nicht nur im Deutschen, sondern auch in verschiedenen anderen Sprachen. Dies ist kein Zufall. Um den Grund dafür zu verstehen, schauen wir uns an, wie der Soziologe Niklas Luhmann Sinn beschreibt. Zunächst einmal umfasst der Sinn für ihn jegliches menschliche *Erleben*. Es gibt demnach kein sinnloses Erleben. Erleben ist grundsätzlich sinnvoll. Der Sinnbegriff umfasst für ihn darüber hinaus jegliches *Ordnen* des Erlebens. Denn das Erlebte wird automatisch selektiv interpretiert und geordnet, da wir die schier unendliche Komplexität unserer Welt immer auf ein überschaubares Maß reduzieren müssen. So entsteht ein subjektiver Weltentwurf. Dieser enthält neben dem Erleben und dem dazugehörigen Ordnen auch das eigene *Handeln*.[53]

Also gut. Sinn entsteht durch *Erleben, Ordnen* (des Erlebten) und *Handeln*. Und siehe da, diese drei Aspekte entsprechen genau den drei oben genannten Lesarten von Sinn als Wahrnehmung, Bedeutung und Intention.

- Wahrnehmung ist nämlich die Voraussetzung für unser Erleben. Wir nehmen unsere Außenwelt, unsere Innenwelt und auch unser eigenes Ich wahr. All dies schafft den Inhalt unseres Erlebens.
- Bedeutung hingegen ist die Voraussetzung für unser Ordnen. Den Eigenschaften verschiedener Wirkchen-Konstellationen geben wir unterschiedliche Bedeutung, woraus Seiendes entsteht. Dadurch erschaffen wir eine Welt mit überschaubarer Komplexität. Mittels Bedeutung wird also aus der Unordnung der Wirkchen eine geordnete Wirklichkeit.
- Intention indes ist die Voraussetzung für unser Handeln. Wir haben Urgründe und andere Gründe, aufgrund derer wir handeln. Sei es, um auf unsere Umgebung Einfluss zu nehmen oder um etwas von unserer Welt zu erleben.

Im Kern ist Sinn also Erleben, Ordnen und Handeln, wobei Wahrnehmung, Bedeutung und Intention die zugehörigen Voraussetzungen bilden.

Nun kann man dies einerseits so verstehen, dass Erleben, Ordnen und Handeln gleichwertig sind. Dann handelt es sich um drei eigenständige Arten von Sinn. Also, wann immer Sie erleben, ordnen oder handeln entsteht Sinn. Andererseits kann man Erleben, Ordnen und Handeln aber auch hierarchisch auffassen. Ordnen ist dann die Umgebung für das Handeln und Handeln ist die Umgebung für das Erleben. Sinn ist in diesem Fall nur Ihr Erleben, während Ordnen und Handeln bestimmen, wie und was erlebt wird.

An dieser Stelle werden wir auf die ersten Fragen dieses Rosen-Kapitels zurückgeworfen. Wer bin ich? Was bin ich? Wenn Sie was oder wer Sie sind, an Ihr Ordnen und Handeln knüpfen, landen Sie bei Ihren Ansichten, Ihrem Beruf, Ihren Verdiensten, sowie bei Ihren Schwächen und Versäumnissen, etc. Dies wird in den Lehren von Budda über Jesus bis hin zu Eckhart Tolle und dem Dalai Lama als falsche Identität verstanden. Wenn Sie hingegen was oder wer Sie sind, nur am Erleben festmachen, besinnen Sie sich auf das, was als wahre Identität gilt. Was das ist? Die Antwort ist schlicht: *Das eigene Sein an sich!* »Ich bin, der ich bin« ist die wirkliche Identität eines jeden einzelnen von uns.

Die Besinnung auf unsere wahre Identität macht nun die Frage des freien Willens überflüssig. Denn in unserer wahren Identität – dem Sein an sich – liegt der Schlüssel zu dem, was spirituelle Lehrer als das größte Geschenk beschreiben: *Die tiefe Freude am eigenen Sein.* In diesem Zustand macht es keinen Unterschied, ob Sie Ihr Ordnen und Handeln Ihrem freien Willen und damit sich selbst zuschreiben. Denn je mehr Sie sich auf Ihre wirkliche Identität besinnen, desto weniger Bedeutung hat dann diese Zuschreibung.

Die beiden Ausgangsfragen dieses Abschnitts haben sich nun geklärt. Was ist der Sinn des Lebens? Das Erleben! Wie gebe ich meinem Leben einen Sinn? Indem ich vielfältig und intensiv erlebe! Da stellt sich eine letzte Frage: Warum gibt es überhaupt Sinn. Welchen Sinn hat Sinn? Schauen wir uns an, welchen Sinn Erleben hat. Manche Menschen sind der Auffassung, dass es uns gibt, damit das Universum sich erlebt. Wenn Ihnen das nach zu viel Phantasie klingt, nehmen Sie diese Idee eine Nummer kleiner und bleiben bei sich selbst. Dann existiert Ihr menschliches Bewusstsein, damit Sie sich selbst erleben. Der Sinn von Erleben ist einfach, dass erlebt wird. Sinn erweist sich somit als Selbstzweck. Und so sagt Luhmann: »Sinn braucht keinen Träger – Sinn trägt sich selbst.« Es gibt Sinn, damit es Sinn gibt. Oder tautologisch formuliert: *Der Sinn von Sinn ist Sinn.*

Mus. 9: Tranquil Tautology

Die Gretchenfrage
(Die Welt des Diesseits und des Jenseits)

Abb. 39: Isolda Dychauk und Johannes Zeiler in »Faust« (2011)

In der Literaturverfilmung »Faust« aus dem Jahr 2011 nimmt sich der russische Regisseur Alexander Sokurow den Stoff von Goethes gleichnamigem Theaterklassiker vor, um ihn frei zu interpretieren. Faust ist ein von einer wahnwitzigen Idee besessener Flaneur, der in einer deutschen Kleinstadt des Biedermeier lebt, die zum Ausgangspunkt ewiger Einsamkeit gerinnt. So entsteht eine bildermächtige, sinfonisch strukturierte Reise ins Labyrinth des Verderbens, in der es um die moralische Verkommenheit des Menschen geht. Wie in Goethes Original verliert sich Faust in den Wirrungen seiner Suche nach der Wahrheit.

Die Naturwissenschaften haben es uns bisher nicht immer leicht gemacht, an sie zu glauben. Allzu oft widersprachen sie dem, was wir aus unserer Alltagserfahrung heraus als sicher angenommen haben. Materie erwies sich als nichts Gegenständliches, Geist und Materie konnten nicht beide Grundsubstanzen unserer Welt sein, freien Willen gab es vermutlich nicht. Da stellt sich schon die Frage, woran man glauben will. An die Physik, an unsere Alltagserfahrung – oder vielleicht an eine übergeordnete Kraft, die beides miteinander versöhnt? Wir stellen deshalb in diesem Kapitel die Gretchenfrage. Während der Volksmund darunter allgemein eine an den Kern der Sache gehende Frage versteht, fragt in Goethes »Faust I« Margarete den Doktor Faust eigentlich: »Nun sag', wie hast du's mit der Religion?«

Wir fassen die Gretchenfrage im eigentlichen, aber auch im weitesten Sinne auf. Es wird nämlich um einen ganzen Bereich an Fragen gehen:

- Gibt es einen Gott, ein höheres Wesen, eine höhere Macht? Oder sind wir eine Laune der Natur?
- Gibt es ein Leben nach dem Tod? Werden wir wiedergeboren? Oder ist der Tod final?
- Gab es eine Schöpfung? Oder ist die Natur anderweitig entstanden?

Kurz gesagt geht es also darum, ob es irgendetwas Jenseitiges gibt oder ob unser Diesseits alles ist. Darüber haben Philosophen und Theologen im Laufe der Geschichte bis heute immer wieder kontrovers diskutiert. Die Liste historischer Persönlichkeiten, die Argumente oder sogar Beweise für etwas Jenseitiges lieferten, ist genauso lang wie die derjenigen, die ebenso stichhaltig widersprachen. Heutzutage sind diese Kontroversen zumindest im Alltag seltener anzutreffen. Wer von uns will noch beim Feierabendbier über ein Thema diskutieren, das von einer solchen Schwere behaftet ist. Da redet man lieber über Mode oder Fußball. An den neuen Klamottentrends können sich die Geister scheiden. Ein Elfmeter fühlt sich mindestens so schicksalshaft an, wie die existenziellen Grundfragen unseres Lebens. Gleichzeitig haben solche Themen aber eine gewisse Leichtigkeit. Sie sind letztlich zu unwichtig, als dass man sich als Menschheit ernsthaft daran entzweien könnte.

Ganz anders hingegen verhält es sich bei der Gretchenfrage. Schriftgelehrte diskutieren sie oft in all ihren Facetten und entzweien sich teils mit erbitterter Vehemenz.[54] Da es sich nicht um Wissens-, sondern um Glaubensfragen handelt, sehen sich die Vertreter der verschiedenen Seiten oft erstaunlich wenig einer tragfähigen Argumentation verpflichtet. Kaum ein anderes Thema wird von so viel Scheinlogik dominiert. Wir nehmen uns daher jetzt vorsichtshalber einmal eine ganze Kanne Tee, lehnen uns gemütlich zurück und schauen uns die Sache in Ruhe an. Dabei werden wir beide Seiten mit verschiedenen Gegenargumenten konfrontieren und schauen, inwieweit sie diesen standhalten.

Wer früher stirbt ist länger tot

Abb. 40: Sepp Schauer, Markus Krojer und Johann Schuler in »Wer früher stirbt ist länger tot« (2006)

Bei der im Jahr 2006 erschienenen deutschen Filmkomödie »Wer früher stirbt ist länger tot« von Marcus H. Rosenmüller handelt es sich um eine oberbayerische Lausbubengeschichte. In den Wirren der Handlung beschließt der elfjährige Sebastian, unsterblich zu werden. Da er erfahren hat, dass man durch Musik und Fortpflanzung unsterblich werden kann, lernt er Gitarre und fragt die hübsche Dorflehrerin, ob sie eventuell mit ihm schlafen wolle.

Heutzutage machen Menschen kaum noch einen Hehl daraus, wenn sie an nichts als das Diesseits glauben. Die Zeiten, dass man dafür angezündet wurde, sind ja erfreulicherweise vorbei. Und doch haftet den Verfechtern des Diesseits weiterhin das Image der Mutigen an. Sie sind es, die im Angesicht der eigenen Vergänglichkeit ohne trostspendende Vorstellungen auskommen. Sie selbst sind sich ihrer Sache nicht selten ziemlich sicher. Für sie zählen schließlich nur die harten Fakten der Realität. Ihre Konfession ist das, was man sehen und anfassen kann. Aber die Sicherheit, in der sie sich wiegen, ist trügerisch. Denn Sehen und Anfassen sind zwar unser Zugang zur Außenwelt, sie erzeugen aber natürlich weder harte Fakten noch objektive Realität.

Stellen wir daher das rein diesseitige Weltbild auf den Prüfstand, indem wir versuchen, es zu widerlegen. Dazu bräuchten wir Hinweise auf etwas Jenseitiges. Diese scheint es tatsächlich zu geben. Als solche werden beispielshalber gerne Berichte von Nahtoderlebnissen genannt. Betroffene schildern dabei meist außerkörperliche Erfahrungen. Oft sahen sie ihren Körper von oben und befanden sich in einem Zustand vollständigen inneren Friedens. Auch erzählen sie häufig, dass ihr Leben nochmal wie ein Film vor ihnen ablief, sowie von einem Licht, von dem sie sich angezogen fühlten, bevor sie wieder in das irdische Leben zurückglitten. Solche Erfahrungsberichte wirken sehr anrührend und können dem eigenen Ableben den Schrecken nehmen. Sie sind mittlerweile zahlreich dokumentiert und wissenschaftlich ausgewertet. Das Ergebnis: Für die Betroffenen wirken ihre Erlebnisse als aus dieser Welt entrückt und damit jenseitig oder zumindest wie ein Übergang in ein Jenseits. Allerdings lässt sich das Geschilderte auch mit der Sauerstoffunterversorgung des Gehirns erklären. Allen Mythen der Boulevardpresse zum Trotz gibt es hingegen keine Beweise, dass eine wandernde Seele etwas gesehen hat, das sie nicht anderweitig hätte wissen können. Einige intensivmedizinische Operationssäle haben daher an einer Stelle, die man nur aus der Vogelperspektive sehen kann, eine Zahlenkombination angebracht. Sollten Betroffene diese nach dem Erwachen kennen, wäre dies ein starker Hinweis auf etwas Jenseitiges. Dies ist jedoch noch nicht passiert und so bleiben Nahtoderfahrungen als Hinweis auf ein Jenseits vage.

Ähnlich ist es mit spirituellen Erlebnissen. Zweifellos machen Menschen hier ganz besondere Erfahrungen. Innere Einkehr und Meditation spielen folglich in allen Kulturen dieser Welt eine große Rolle. Interessanterweise erleben Menschen dabei auch Körperlosigkeit und Licht. Für einen handfesten Beleg der Existenz von etwas Jenseitigem reicht dies aber auch nicht. Unser Gehirn lässt sich auf verschiedenste Arten manipulieren, sodass es uns besondere Erlebnisse beschert. Mit hypnotischer Musik, Stroboskoplicht, Drogen, Alkohol … Aber Kopfschmerzen nach einer durchzechten Nacht sind kein tragfähiger Hinweis für eine Begegnung mit dem Jenseits.

Subjektive Erlebnisse scheinen hier grundsätzlich nicht zu greifen. Gibt es jedoch vielleicht Hinweise der Naturwissenschaften auf etwas Jenseitiges? Die gibt es tatsächlich. Da ist die so genannte Feinabstimmung der Naturkonstanten unseres Universums. Was das ist? Ganz einfach. Die Gravitationskraft oder die Lichtgeschwindigkeit sind bekannte Beispiele für solche Konstanten. Die sind in der Natur immer und überall gleich. Daher der Name. Man kann sich nun fragen, was passiert, wenn zum Beispiel die Lichtgeschwindigkeit ein bisschen langsamer oder die Gravitationskraft ein klein wenig stärker wäre. Das Ergebnis solcher Überlegungen ist verblüffend. Wir leben auf Messers Schneide. Forscher haben das für alle Naturkonstanten berechnet. Wenn die Werte nur minimal anders wären, gäbe es uns nicht. Je nachdem, an welcher Konstante wir herumschrauben, würden unterschiedliche Probleme auftreten. Das Universum wäre längst wieder in sich zusammengefallen, Sterne könnten sich nicht formen, Galaxien würden auseinanderfliegen, chemische Elemente könnten sich nicht bilden, etc. Kleine, teils sehr kleine, ja manchmal unvorstellbar kleine Abweichungen machen die Entstehung von Leben unmöglich. Aber wie kann es sein, dass unsere Naturkonstanten genau diese Werte haben? Das ist extrem unwahrscheinlich. Was für ein unglaublicher Zufall! Ist das nicht ein Hinweis auf einen Designer? Muss da nicht ein Gott am Werk gewesen sein? Es sieht schon sehr danach aus. Und doch geht es auch ohne. Das ist allerdings sehr aufwendig. Man braucht dazu viele Universen. Sehr viele. Genaugenommen unvorstellbar viele. Dann allerdings ist es wie beim Kniffel. Man muss nur lang genug würfeln, dann fällt der Sechserpasch. Wenn es also genügend viele Universen mit unterschiedlichen Naturkonstanten gäbe, muss auch irgendwann einmal eines davon die richtigen haben. Und dann ist natürlich klar, dass wir uns genau in dem Universum wiederfinden, das diese lebensfreundlichen Naturkonstanten hat.

Ein anderer möglicher Hinweis auf etwas Jenseitiges hat mit Ursache und Wirkung zu tun. Bereits die alten Griechen haben darüber diskutiert. Alles in unserer Welt lässt sich ja als Wirkung verstehen, dessen Ursache in der Vergangenheit liegt. Wenn wir die Uhr also zurückdrehen, kommen wir von der Ursache auf die Ursache der Ursache und von dort auf die Ursache der Ursache der Ursache, usw. Wenn das Universum aber einen Anfang hatte, hat dieser ja keine Ursache mehr. Dass irgendetwas plötzlich einfach so ohne jede Ursache entsteht oder passiert, kann allerdings eigentlich nicht sein. Die Griechen schlossen daher auf einen »unbewegten Erstbeweger«. Was das ist? Unbewegt würden wir heute als außerhalb von Raum und Zeit beschreiben. Bewegung ist ja räumliche Distanz pro Zeit. Und da es keine Beweg*ung*, sondern ein Bewe*ger* ist, muss es ein Jemand sein, also ein bewusstes Wesen. Und das hätte dann den Anstoß für das Universum gegeben. Ein Gott könnte das leisten. Er steht über den Naturgesetzen und damit auch über dem Ursache-Wirkungs-Prinzip. Außerdem war Gott nach gängiger Auffassung ja immer schon da, sodass wir uns über die Ursache seiner Entstehung keine Gedanken zu machen brauchen. Haben wir also endlich ein schlagendes Argument für ein Jenseits? Nein, es gibt wieder ein Schlupfloch.

Wir haben oben gesagt, »wenn das Universum einen Anfang hat…«. Vielleicht ist das gar nicht der Fall. Okay, Urknall, schon klar. Aber wer sagt, dass vor dem Urknall Nichts war? Es heißt zwar, dass Raum und Zeit mit dem Urknall erst entstanden sind. Aber es kann davor so etwas wie raum- und zeitunabhängige Ursache-Wirkungs-Zusammenhänge gegeben haben. Verrenken Sie sich nicht das Hirn. Vorstellen kann man sich das kaum. Aber es kann tatsächlich so etwas wie Vorher und Nachher geben, ohne dass Zeit existiert. Es ist physikalisch und mathematisch möglich. Nehmen wir es einfach hin.

Hatten Sie sich die Gretchenfrage auch einfacher vorgestellt? Dann sind Sie nicht allein. Für den Moment haben Sie es aber geschafft. Denn wir schauen uns nur noch ein rein pragmatisches Argument gegen eine diesseitige Weltanschauung an. Es besagt, dass der Glaube an ein Jenseits für die Menschen ein Anreiz ist, sich ethisch und moralisch besser zu verhalten. Dies allerdings ist ein klassischer Irrglaube. Psychologen und Soziologen wissen längst, dass es für Ethik keiner höheren Mächte bedarf. Kinder entwickeln moralisches Verhalten, wenn sie dieses von ihren Eltern vorgelebt bekommen und Empathie erfahren. Die Vorstellung etwa eines Gottes, der sie bei allem überwacht und für jedes Fehlverhalten bestraft, schafft lediglich Angst und Schuldgefühle. Diese bilden keinen guten Kompass für moralisches Verhalten.

Wir fassen also zusammen: Die Argumente gegen ein auf das Diesseits beschränktes Weltbild sind vage. Es gibt zwar Phänomene, die man als leichte Hinweise auf etwas Jenseitiges interpretieren kann. In letzter Konsequenz sind sie aber nicht zwingend. Ein diesseitiges Weltbild ist also grundsätzlich nicht widerlegbar, es hat aber seinen Preis. Der Urknall kann schwerlich der Anfang von allem gewesen sein. Außerdem gibt es mit sehr hoher Wahrscheinlichkeit eine enorme Vielzahl an Parallel- oder Vorläuferuniversen.

Wer's glaubt, wird selig

Abb. 41: Christian Ulmen und Nikolaus Paryla in »Wer's glaubt wird selig« (2012)

Die im Jahr 2012 erschienene deutsche Filmkomödie »Wer's glaubt wird selig« von Marcus H. Rosenmüller handelt von einem Wirt, der seine fanatisch religiöse und plötzlich verstorbene Schwiegermutter aus kommerziellen Gründen heiligsprechen lassen will. Er inszeniert eine Auferstehung und eine Krankenheilung durch Gebete zur »Heiligen Daisy«. Als Papst Innozenz XIV. persönlich erscheint, passiert dann sogar ein echtes Wunder.

Seit Menschengedenken hat es den Glauben an etwas Jenseitiges gegeben. Doch gerade in unserer aufgeklärten Gesellschaft werden Verfechter eines solchen Weltbildes manchmal als Märchenerzähler belächelt. Man argwöhnt, sie erfänden sich einfach ein jenseitiges Leben und einen lieben Gott, damit die eigene Endlichkeit ihren Schrecken verliert. Doch lässt sich der Glaube an etwas Jenseitiges tatsächlich so einfach wegwischen?

Das zentrale Argument *gegen* die Existenz von etwas Jenseitigem besagt, dass es überhaupt keinen Anlass gibt, an so etwas zu glauben. Aber, liebe Freunde des Diesseits, so einfach und plausibel das klingt, es stimmt einfach nicht. Das zentrale Argument *für* den Glauben an etwas Jenseitiges haben wir doch schon im Abschnitt »Musk & Matrix« kennengelernt. Es ist der Schluss auf die beste Erklärung. Wenn nämlich eine Annahme ein Phänomen besser erklärt als andere Annahmen, dann ist diese Annahme mit einer höheren Wahrscheinlichkeit wahr. Es ist so ähnlich wie mit der dunklen Materie. Diese Substanz wurde bisher noch in keinem Labor gefunden. Ihre Annahme erklärt aber verschiedene Phänomene, die wir im All beobachten. Und deshalb gehen viele Forscher davon aus, dass es dunkle Materie gibt. Diese Schlussweise an sich ist also offenbar gängig.

Nun gibt es zwei Phänomene, die sich rein diesseitig nicht wirklich gut erklären lassen. Einerseits das Phänomen, dass *etwas* existiert und andererseits das Phänomen, dass *jemand* existiert. Es geht also um die zwei zentralen ungelösten Fragen: Woher kommt unser Universum und woher kommt unser Bewusstsein. Wir haben ja schon gesehen, dass unsere diesseitige Wissenschaft darauf prinzipiell keine Antworten geben kann.

Mit »ein bisschen Jenseits« ist das aber natürlich ein Kinderspiel. Das sieht man in der Bibel. In sieben Tagen schuf Gott die Welt. Den Menschen machte er aus Ton und hauchte ihm dann Leben ein. Zugegeben, dass Gott Raum und Zeit erschaffen hat und dafür sieben Tage Zeit brauchte, wirft Fragen auf. Und dann war ja da auch noch die Geschichte mit der Rippe … Aber Schwamm drüber. Um solche Details kümmern wir uns später. Im Kern ist die Annahme eines Schöpfers alles andere als lächerlich. Dass unsere Welt von einem höheren Wesen stammt und wir Teil eines höheren Bewusstseins sind, kann sehr gut erklären, dass sowohl *etwas* als auch *jemand* existiert. Wenn Sie zu den Verfechtern des Diesseits gehören, lassen Sie sich einmal kurz auf die Argumentation ein und blenden Sie die märchenhaften Details aus. Woher kommt etwas und jemand? Eine echte diesseitige Erklärung gibt es nicht. Eine jenseitige schon.

Viele Kritiker des Jenseits legen nach und zitieren die Wissenschaft. Gerne verweisen sie auf das fast schon lückenlose Verständnis von Urknall über die Entstehung von Galaxien und Sternen bis hin zu Darwins Evolutionstheorie. Na ja, wie die ersten lebendigen Zellen entstanden sind, liegt noch arg im Dunkeln. Aber seien wir nicht kleinlich. Im Großen und Ganzen ist vieles klar. Schon, nur woher unser Universum und unser Bewusstsein kommen, das eben nicht. Auch wenn es für viele Anhänger des Diesseits schwer verdaulich ist. Die Naturwissenschaft kann an dieser Stelle nicht helfen. Sie kann zwar vieles diesseitig erklären. Nur eben besagte zwei Grundfragen prinzipiell nicht.

Einen letzten Versuch unternehmen wir noch, das Jenseits zu widerlegen. Wie sieht es mit der Hirnforschung aus? Zeigt die nicht, dass unser Bewusstsein vollständig von unseren diesseitigen Gehirnzellen abhängt? Wir können es doch etwa durch Narkotika ausschalten. Wenn die Gehirnzellen nach dem Tod die Arbeit einstellen, muss dann nicht auch unser Bewusstsein enden? Sein Weiterleben ist doch damit ausgeschlossen. Aber auch dieses Argument greift nicht hundertprozentig. Wenn Ihnen Ihr Laptop kaputt geht, können Ihre Daten bei entsprechender WiFi-Verbindung in einer Cloud weiterleben. Ähnlich könnte auch unser Bewusstsein mit einem Jenseits in Verbindung stehen. Natürlich gibt es keine empirischen Hinweise darauf. Das ist ja gerade das Wesen alles Jenseitigen. Aber es zeigt sich, dass wir das Jenseits auch so nicht widerlegen können.

All dies ist natürlich auch kein Beweis *für* etwas Jenseitiges. Den hatten wir allerdings für ein reines Diesseits auch nicht. Läuft es hier wieder einmal auf eine Pattsituation hinaus? Solange wir unser Jenseits nicht konkreter fassen, kann man die Frage nur mit einem klaren JA beantworten.

Was passiert aber, wenn wir konkreter werden wollen? Dies lässt sich zeigen, wenn wir zum Beispiel einen Gott annehmen und ihn genauer beschreiben. Dann geraten wir sofort in Widersprüche. Dies kann man bei den abrahamitischen Religionen – Judentum, Christentum und Islam – leicht sehen. In Thora, Bibel und Koran werden Gott (bzw. Jahwe oder Allah genannt) drei wesentliche Eigenschaften zugeschrieben. Er ist *allmächtig, allwissend* und *allgütig*. Dies führt nun sofort zu verschiedenen Paradoxa:

- Kann Gott etwas erschaffen, das so schwer ist, dass er es selbst nicht hochheben kann?[55] Wenn er so etwas nicht erschaffen kann, ist er nicht allmächtig. Wenn er es erschaffen kann, ist er für das Hochheben zu schwach, also auch nicht allmächtig.
- Kann Gott seine Meinung ändern? Wenn nein, ist er nicht allmächtig. Wenn ja, müsste er als Allwissender das vorher gewusst haben. Dann wäre das aber keine Meinungsänderung.
- Kann Gott das Leid und den Schmerz in unserer Welt verhindern? Wenn nein, ist er nicht allmächtig. Wenn ja, warum tut er es nicht? Dann ist er entweder nicht allgütig oder er weiß nichts davon. Dann ist er nicht allwissend.

Man kann die Paradoxa noch weiter fortsetzen. Wenn Gott allwissend ist, kennt er jede menschliche Entscheidung schon im Voraus. Dies macht nicht nur freien Willen unmöglich, es macht auch den Verlauf unseres Lebens und des gesamten Universums überflüssig. Was bedeutet da etwa die Entscheidung, ob wir ihm folgen wollen? Und damit nicht genug. Dass Gott allgütig ist, meint natürlich weniger seine Nachsichtigkeit. Es bedeutet eher, Gott ist das reine Gute. Aber was soll das sein? Zurecht sagt der Volksmund: »Jedes Ding hat zwei Seiten.« Unser Leben besteht grundsätzlich aus Abwägungen. Es gibt nichts, das nur gut ist. Vielleicht haben Sie schon einmal etwas von Kants kategorischem Imperativ gehört. Kant war salopp gesagt der Ansicht, er hätte ein allgemeingültiges Kriterium für gutes Handeln gefunden.[56] Dies hat sich aber als logisch nicht tragfähig erwiesen. Daher wissen wir: Es gibt nichts rein Gutes.

Die Verfechter des Jenseits zeigen sich gegenüber solchen logischen Argumenten zumeist unbeeindruckt. Sie vertreten gerne in mystischer Rhetorik die Auffassung, dass die Paradoxa gar keine seien. Damit folgen sie jedoch letztlich der Logik, *»dass nicht sein kann, was nicht sein darf«* (aus dem Gedicht von Christian Morgenstern). Leider trifft der Satz »Wer glauben will, will nicht wissen« hier allzu oft zu.

Das ist schade und macht eine Diskussion oft unbefriedigend. Dabei würde es genügen, anzuerkennen, dass wir zwangsläufig in Widersprüche geraten, wenn wir uns mit unserem diesseitigen Geist eine konkrete Vorstellung des Jenseits machen. Was ist daran so schlimm? Das macht doch

Die unmögliche Tatsache
Christian Morgenstern (1910)

Palmström, etwas schon an Jahren,
wird an einer Straßenbeuge
und von einem Kraftfahrzeuge
überfahren.

Wie war (spricht er, sich erhebend
und entschlossen weiterlebend)
möglich, wie dies Unglück, ja -:
daß es überhaupt geschah?

Ist die Staatskunst anzuklagen
in Bezug auf Kraftfahrwagen?
Gab die Polizeivorschrift
hier dem Fahrer freie Trift?

Oder war vielmehr verboten
hier Lebendige zu Toten
umzuwandeln - kurz und schlicht:
Durfte hier der Kutscher nicht -?

Eingehüllt in feuchte Tücher,
prüft er die Gesetzesbücher
und ist alsobald im klaren:
Wagen durften dort nicht fahren!

Und er kommt zu dem Ergebnis:
Nur ein Traum war das Erlebnis.
Weil, so schließt er messerscharf,
nicht sein kann, was nicht sein darf.

Abb. 42: Gedicht »Die unmögliche Tatsache«

die grundsätzliche Annahme eines Jenseits nicht weniger plausibel. Eine solche anerkennende Haltung würde uns auch die heillosen Diskussionen über religiöse und spirituelle Bilder und Symbole ersparen. Wurde Lots Frau tatsächlich zur Salzsäule? War nun Maria wirklich Jungfrau? Konnte Jesus in der Tat über das Wasser laufen? Ach ja, und die Geschichte mit der Rippe … Es würde uns allen das Leben leichter machen, wenn wir zweierlei anerkennen würden. Erstens schafft jede Konkretisierung des Jenseits logische Ungereimtheiten. Zweitens kommen wir ohne diese Konkretisierungen nicht aus. Es ist doch wie in den Naturwissenschaften. Ohne konkrete Bilder kann unser Hirn nicht gut arbeiten. Wir haben ja zum Beispiel erfahren, dass unsere Welt aus Wirkchen besteht und dass Wirkchen eine Art Nichts sind. Das ist philosophisch interessant, aber für Physiker eine wenig praktikable Beschreibung. Wenn diese miteinander reden, geht es daher eher um Kugeln, Wellen und Felder. Manchmal malen sie sich diese sogar auf. Sie sprechen vom Urknall, obwohl es natürlich noch keinen Schall gab. Sie visualisieren ihn oft mit einem gewaltigen Lichtblitz, obwohl Licht noch gar nicht existierte. Sie benutzen diese Bilder, um sich etwas vorstellen zu können, und wissen doch gleichzeitig, dass es so nicht sein kann.

Und genau dies verbindet Künstler, Forscher und Denker miteinander. Sie alle blicken aus unterschiedlichen Perspektiven auf die Welt, um sich mit ihren Mitteln einen Reim darauf zu machen. Dazu verwendet jeder gern Bilder, die wir als Metapher verstehen sollten. Die Bilder selbst beanspruchen keine Wahrheit, aber sie dienen dazu, einer Wahrheit über die Welt näher zu kommen.

Ein fehlendes Bewusstsein dafür, dass Bilder notwendige Hilfsmittel sind, die aber logisch nicht stimmen, hat leider immer wieder fatale Folgen. Das lässt sich leicht an einem Beispiel erklären. Wenn Sie davon ausgehen, dass 3 = 4 ist, können Sie sowohl beweisen, dass 9 = 9, als auch, dass 17 = 123 ist. Ein Gesetz der Logik sagt dementsprechend, dass Sie, wenn Sie von unlogischen Voraussetzungen ausgehen, jeden Sinn und jeden Unsinn logisch herleiten können. Und dies öffnet dem Wahnsinn Tür und Tor.

Nehmen wir einmal die oben genannten drei Eigenschaften eines Gottes. Wir hatten nachgewiesen, dass sie zusammen genommen widersprüchlich sind. Und nun leiten wir einmal Unsinn daraus logisch ab: Gott ist allwissend. Dann weiß Gott auch um all die Sünden von unserem Nachbarn. Gott ist allgütig. Na, wenn er das reine Gute ist, muss es in seinem Sinne sein, dass wir gegen den schlechten Nachbarn vorgehen. Gott ist allmächtig. Jede Handlung gegen den Nachbarn ist legitimiert, denn der Allmächtige hätte sie ja verhindern können. Natürlich ist dies sehr plakativ. Aber wie viele Kriege, Morde, Misshandlungen, Demütigungen und Diskriminierungen im Namen irgendwelcher höheren Mächte wurden schon auf eine vergleichbare Art und Weise gerechtfertigt.

Wir verbinden derartiges oft mit längst vergangenen Zeiten und einer damals noch nicht so weit entwickelten Gesellschaft. Bei aller Freude darüber, dass wir heute mit vielem weiter sind, sollten wir nicht übersehen, dass Verirrungen durch Glauben immer noch verbreitet sind. Denken Sie beispielsweise an die fehlende Geschlechtergerechtigkeit vieler Religionsgemeinschaften. Kein Konzern käme in Mitteleuropa damit durch. Die Diskriminierung der Damen im Namen des Herrn zeigt eindrucksvoll, wie solche unterschwelligen Verirrungen

Mus. 10: Aftermath of Afterlife

auch in unserer scheinbar aufgeklärten Gesellschaft noch ihre Wirkung entfalten.

Es ist kein Wunder, dass Künstler, die mit Humor arbeiten, in religiösen Bildern einen schier endlosen Fundus für ihr Werk zur Verfügung haben. Leider sind viele Steilvorlangen aus dem echten Leben einfach zu einladend. Künstler wie der Regisseur Marcus H. Rosenmüller helfen uns den richtigen Abstand zu religiösen Bildern zu finden. Wenn wir diesen eingenommen haben, können wir uns dann wieder darauf einlassen, dass wir solche Bilder brauchen.

Auch die Frage nach dem Jenseits oder dem reinen Diesseits hat sich als prinzipiell unbeantwortbar erwiesen. Egal aus welcher Perspektive wir uns den Grundfragen der Welt und des Lebens nähern, ab einem bestimmten Punkt werden wir im Unklaren gelassen. Dies scheint ein fundamentales Prinzip unserer Existenz zu sein. Und genau darin liegt die Möglichkeit, unsere Welt und unsere Existenz wie ein Kunstwerk zu betrachten. Hier ist der Freiraum für die ganz eigene und persönliche Interpretation unserer Welt. Ist es nicht faszinierend, wie genau ausbalanciert die Pattsituationen sind? Man mag sich schon fast an das griechische Kunstprinzip von Symmetrie und Ebenmaß erinnert fühlen.

Die Unendliche Geschichte
(Die Frage nach der Unendlichkeit des Universums)

Abb. 43: Amulett *Auryn* aus Michael Endes »Die unendliche Geschichte« (1979)

Das Amulett *Auryn* mit seinen zwei in sich verschlungenen Schlangen ist das Symbol der uneingeschränkten Herrschaft in Phantásien. Darauf steht: »Tu was du willst.« Bastian Balthasar Bux – die Hauptfigur des Romans »Die unendliche Geschichte« von Michael Ende – besucht in seinem Abenteuer eine andere Welt namens Phantásien. Er bewahrt diese vor dem Zerfall, indem er sie mit seiner eigenen Vorstellungskraft neu erschafft. Dadurch wird Bastian zu einem Teil eines Zyklus ewigen Entstehens und Vergehens, in dem sich Phantásien auf unendlich viele Arten realisiert.

Es ist schon faszinierend, wie uns die Grundfragen der Welt und des Lebens immer wieder im Unklaren lassen. Aber ist dieses scheinbare Prinzip unserer Existenz nicht eigentlich ungerecht? Eines Tages werden wir aus dieser Welt scheiden und sehen, wie es wirklich ist. Manche Menschen werden dann mit ihrem Weltbild recht behalten, andere nicht. Materialisten, Idealisten, Dualisten, Gläubige, Atheisten, nicht alle können gleichzeitig Recht haben. Schon irgendwie unfair, wo wir es doch im Vorhinein prinzipiell nicht wissen können. Der Gedanke hat etwas kindlich Naives. Nun wissen Künstler, dass uns solche Gedanken zu ganz neuen Einsichten führen können. Musiker versuchen oft wie ein Kind eine Note neu zu hören, Maler eine Farbe neu zu sehen, Dichter ein Wort neu zu deuten. Lassen wir uns also für einen Moment auf diesen naiven Gedanken ein und schauen uns diese Ungerechtigkeit genauer an. Kann man sie irgendwie loswerden? Dazu müssten Materialismus, Idealismus und Dualismus, sowie Glaube und Atheismus gar nicht so unvereinbar sein, wie es scheint. Klingt allerdings absolut unmöglich.

»Geht nicht? Gibt's nicht!« Das hört man doch immer wieder von weisen Business Coaches. Was würde uns ein solcher Coach wohl an einem völlig überteuerten Wochenendseminar raten? Genau, »THINK BIG«. Und siehe da, er hätte recht. »Überwinde Deine geistigen Grenzen« und »The sky is the limit« hören wir ihn rufen. Schade, vielleicht war das Seminar doch keine so gute Investition. Denn jetzt denkt *er* zu klein. Viel zu klein. Der Himmel wird nicht reichen. Nichts, wovon sich der menschliche Geist eine konkrete Vorstellung machen kann, wäre auch nur annähernd groß genug für das, was die scheinbar unvereinbaren Positionen von Materialismus, Idealismus und Dualismus, sowie von Glaube und Atheismus vereinen könnte. Wir brauchen dazu nämlich *Unendlichkeit.*

Die Grundidee dabei ist folgende. Wenn wir irgendwie Unendlichkeit in unser Universum hineinbekommen, dann realisieren sich irgendwann irgendwo alle möglichen Konstellationen von Wirkchen. Alles was möglich ist, passiert dann auch. Ja, das wäre ein Hammer. Der Kosmologe Max Tegmark sagte einmal, dass es dann alle völlig anderen, aber auch alle ganz ähnlichen Konstellationen gäbe. So auch die mit einem Max Shmegmark, die mit einem Max Pegmark, etc. Und das unendlich oft.

Nein, Drogen sind hier nicht im Spiel. Lustigerweise fällt es bloß unserer Generation so schwer, sich auf solche Gedanken einzulassen. Warum? Weil man es uns aberzogen hat. Seit unserer Kindheit erzählt man uns von einem räumlich und zeitlich begrenzten Weltall. Vom Big Bang als dem Anfang von Raum und Zeit sowie vom Big Rip oder Big Crunch, mit dem unser Universum enden wird. Das sah vor gut hundert Jahren ganz anders aus. Da hat man den Kindern noch eingetrichtert, dass Gott immer schon da gewesen sei und dass das ewige Leben auf uns warte. Menschen wie Einstein dachten ganz selbstverständlich, dass das Universum immer schon existiert hat und das dies auch für immer so bleiben würde. Er fügte daher in seine Gleichungen extra eine Konstante ein, damit sie zu einem solchen »steady state universe« passen.

Mus. 11: In Finity

Wir werden in diesem Kapitel eine ganze Palette an Theorien kennenlernen, bei denen es Unendlichkeiten geben kann. Florian Silbereisen würde daher sagen: »Lassen Sie sich verzaubern von einem Strauß bunter Theorien.«

Im nächsten Kapitel werden wir dann sehen, wie sich durch Unendlichkeit die scheinbar unvereinbaren Positionen von Materialismus, Idealismus und Dualismus, sowie Glaube und Atheismus miteinander in Einklang bringen lassen.

Mega

Abb. 44: Pablo Carlos Budassi: »Beobachtbares Universum« (2012)

Pablo Carlos Budassis »Beobachtbares Universum« aus dem Jahr 2012 ist eine künstlerisch logarithmische Darstellung mit unserem Sonnensystem im Zentrum, inneren und äußeren Planeten, Kuipergürtel, Oortsche Wolke,

Alpha Centauri, Perseus-Arm, Milchstraßengalaxie, Andromeda-Galaxie, nahen Galaxien, kosmischem Netz, kosmischer Mikrowellenstrahlung und dem unsichtbaren Plasma des Urknalls am Rand. Die Himmelskörper erscheinen vergrößert, um ihre Formen zu erkennen.

Vor langer Zeit hielten wir unsere Erde für das Zentrum von allem. Dann brachte uns Kopernikus das heliozentrische Weltbild. Später stellte sich heraus, dass unser Sonnensystem nur eines von vielen in unserer Galaxie ist. Seit den 1920er Jahren wissen wir nun aus Beobachtungen mit unseren Teleskopen, dass unsere Milchstraße nur eine von vielen Milliarden Galaxien ist. Wird sich auch dies irgendwann einmal als nur ein kleiner Teil dessen erweisen, was existiert?

Wir können einige Milliarden Lichtjahre weit in den Weltraum hineinschauen. Aber es gibt eine Grenze, hinter die wir nicht blicken können. Schließlich können wir nur Licht sehen, dass genug Zeit hatte, uns zu erreichen. Nun gibt es gute Gründe dafür, von vielen weiteren Galaxien hinter dieser Grenze auszugehen. Die meisten Wissenschaftler vermuten, dass sich unser sichtbares Universum tausende Male hinter diesem Horizont zu einem *Megaversum* fortsetzt. Es kann aber auch sein, dass es dahinter unendlich weitergeht. Das legt die gängigste Variante der Urknalltheorie – die so genannte Inflationstheorie – nahe. Dann gäbe es in einem solchen Megaversum unendlich viele Galaxien und folglich würden sich alle Konstellationen von Wirkchen irgendwann irgendwo realisieren.

Multi

Abb. 45: Silver Spoon: »Artistic Impression of Multiverse« (2011)

»Artistic Impression of Multiverse« von Silver Spoon (2011) versucht die Idee des Multiversums zu visualisieren. Neben dem ästhetischen Wert ist dies ein schönes Beispiel, wie Bilder unserem Verständnis helfen können, ohne dabei selbst wahr zu sein. Hier stehen die diversen Farben für unterschiedliche Chemie in den verschiedenen Universen. Die ungleichen Größen deuten auf verschiedenes Alter der Universen hin. Und doch ist völlig klar, dass es so nicht aussehen kann. Natürlich kann kein Licht den sich mit (gegebenenfalls unterschiedlicher) Lichtgeschwindigkeit ausbreitenden Universen entkommen. Auch können die Universen nicht einfach in einem normalen Raum herumfliegen, da erst mit ihren Urknallen Raum und Zeit in ihnen entstehen. Das Bild hilft uns somit bei der Annäherung an eine Wahrheit, die es selbst nicht zeigen kann.

Das Megaversum war nur der Anfang. Es beschrieb ja lediglich das, was aus *unserem* Urknall heraus entstanden ist. Manche Forscher vermuten, dass dieser nur einer von vielen gewesen sein könnte. Möglicherweise knallt es also immer wieder mal. Dies würde zu weiteren, eventuell unendlich vielen anderen Universen führen. Diese bilden zusammen ein *Multiversum*. Darin könnten sich dann auch alle möglichen Konstellationen von Wirkchen realisieren. Aber nicht nur das. Das Multiversum würde das große Rätsel der Feinabstimmung der Naturkonstanten lösen. Wir haben ja schon im Kapitel »Die Gretchenfrage« besprochen, dass wir sozusagen auf Messers

Schneide leben. Wenn wir auch nur eine unserer Naturkonstanten minimal ändern würden, käme es zu Veränderungen in unserem Kosmos (z.B. instabile Atome, auseinanderfallende Galaxien etc.), die Leben unmöglich machen würden. Wenn nun die verschiedenen Urknalle unterschiedliche Universen mit anderen Naturgesetzen und -konstanten erzeugen,[57] und das Multiversum unendlich viele solcher Universen enthält, dann ist klar, dass irgendwo auch lebensfreundliche Bedingungen herrschen müssen. Dann wäre es natürlich kein Zufall, dass wir uns gerade in so einem Universum wiederfinden. Im Übrigen gäbe es ja dann auch unendlich viele solcher lebensfreundlichen Universen in einem Multiversum.

Many

Schrodinger's Cat
Tears for Fears (1993)

...
Schrodinger's cat is dead to the world.
You say your cat sees in the dark.
You criticize the play and isolate the box.
I always knew you were a scientist at heart.
....

Abb. 46: Songtext »Schrodinger's Cat«

Der Song »Schrodinger's Cat« der Gruppe Tears for Fears ist inspiriert durch ein Gedankenexperiment des Physikers Erwin Schrödinger. Dieser hatte einen Mechanismus erdacht, der durch einen Quantenprozess ausgelöst eine Katze tötet. Da sich Quanten bis zu ihrer Manifestierung in einem unentschiedenen Zustand befinden, schloss er, dass sich die Katze in einem unentschiedenen Zustand von tot *und* lebendig befinden müsse. Bis heute treibt Schrödingers Gedankenexperiment die Physiker um. Die Band Tears for Fears nutzt die Rätselhaftigkeit von Schrödingers Katze als Aufhänger für einen surrealen Text, der zwischen Leben und Tod, Phantasie und Wissenschaft, sowie zwischen Licht und Dunkel mäandert.

Die Wissenschaft hat neben Mega- und Multiversum noch einiges mehr im Angebot. Zum Beispiel die sogenannte »Many Worlds«-Interpretation der Quantenmechanik. Sie liefert unter anderem eine mögliche Lösung für Schrödingers Katzenproblem. Die Quantenmechanik sagt ja, dass ein Elementarteilchen eigentlich nur eine Aufenthaltswahrscheinlichkeit[58] hat, bevor gemessen wird, wo es ist. Vorher befindet es sich gewissermaßen an allen Orten gleichzeitig. Die »Viele Welten«-Interpretation sagt nun, dass das Teilchen sich durch die Messung nicht an einem dieser Orte manifestiert, sondern dass sich dadurch der Lauf der Dinge verzweigt und in verschiedenen Universen weiterläuft. Wenn das Teilchen also gleichzeitig hier und dort war, ist es nach der Messung im einen Universum hier und im andern dort. Schrödingers Katze wäre demnach in dem einen Universum tot und in dem anderen lebendig. Klingt völlig verrückt. Ist aber eine logisch tragfähige Interpretation der Quantenmechanik. An jeder Stelle und in jedem Moment, wo Teilchen sich manifestieren, entstehen neue Universen. Dies kann natürlich ermöglichen, dass sich alle möglichen Konstellationen von Wirkchen realisieren.

Nur taucht sofort eine Frage auf. Wo sind dann all diese Universen? Es ist vorstellbar, dass sie alle gewissermaßen im gleichen Raum sind. Klingt erst einmal noch verrückter, aber denken wir uns unsere Welt als aus Wellen bestehend (s. Abschnitt »Dauerwelle«). Dann könnte es sein wie beim Radio. Alle Radiowellen der verschiedenen Sender sind vermischt im gleichen Raum. Und zwar zu einer großen scheinbar chaotischen Welle. Und trotzdem können wir sie in unserem Radiogerät voneinander trennen, sodass wir Zuhörer von nur *einer* Sendung sind.

Sie merken es schon, wir sind wieder mitten drin in der Welt, die offenbar gar nicht mit unseren Alltagserfahrungen zusammenpasst. Sollte Ihnen schon schwindelig sein, springen Sie zum Abschnitt »Maxi«. Denn in den folgenden Abschnitten werden wir lediglich weitere Theorien vorstellen, die auf verschiedene andere Art und Weise Unendlichkeit mit sich bringen, sodass sich alle möglichen Konstellationen realisieren können.

Mathe

Abb. 47: Ekkehard Neumann: »Platonische Körper« (1996)

Der griechische Philosoph Platon war Namensgeber für fünf mathematische Körper mit maximaler Symmetrie. Es sind die einzig möglichen, die von deckungsgleichen regelmäßigen Vielecken begrenzt werden. Er band sie in sein philosophisches Weltbild ein, indem er sie den Elementen Feuer, Luft, Wasser, Erde und Äther gleichsetzte, die nach seinem Verständnis die Welt erzeugten. Ekkehard Neumann hat die fünf platonischen Körper nachgebildet und 1996 als Kunstobjekt im Bagno-Park Steinfurt installiert. Das Aufeinandertreffen von Parkanlage und mathematischen Formen veranschaulicht den dem menschlichen Gestaltungswillen zugrunde liegenden Wunsch, die Gesetzmäßigkeiten von Welt und Kosmos zu erkennen, die Phänomene zu ordnen und dadurch zu verstehen.

Eine weitere Theorie besagt, dass sich unser Universum nicht nur mathematisch beschreiben lässt, sondern an sich Mathematik ist. Bestehen wir also alle aus Mathe? Nicht allen schulpflichtigen Jugendlichen werden wir diesen Gedanken schmackhaft machen können. Schauen wir uns trotzdem an, wie er zustande kommt. Wenn wir uns unsere Welt mit Physikeraugen anschauen, dann sehen wir einen großen Klecks aus Quarks, Elektronen etc. Diese sind durch eine Handvoll Eigenschaften bestimmt, denen wir Namen gegeben haben wie Masse, Ladung, Spin usw. Es sind aber eigentlich nur Zahlen. Und das Einzige, worin sich verschiedene Wirkchen unterscheiden, sind diese Zahlen. Auch die Wechselwirkungen zwischen Wirkchen sind dabei mathematische Operationen. Sogar Raum, Raumkrümmung etc. lassen sich als mathematische Objekte darstellen. Nun braucht man nur noch einen Schritt weiter zu gehen, indem man annimmt, dass Mathematik die Welt nicht beschreibt, sondern selbst ist. Wir leben dann also in einem mathematischen Objekt. Dies passt zu der Erkenntnis, dass Wirkchen nichts Gegenständliches sind. Als kleine Wirkungen lassen sie sich laut dieser Sichtweise nicht nur mathematisch beschreiben, sondern sie selbst sind an sich mathematisch.

Dieses mathematische Universum bildet automatisch ein Multiversum. Es gibt nämlich nicht nur *eine* Mathematik. Man kann auf verschiedenste Art und Weise elementare Definitionen – so genannte Axiome – vornehmen, sodass diese in sich widerspruchsfrei sind. Aus jeder dieser so entstehenden Mathematik erwächst dann ein eigenes mathematisches Universum. Da nun unser Universum, in dem wir leben, ganz offensichtlich existiert, warum sollte das dann nicht auch für alle anderen möglichen Mathematiken gelten. Und in dem daraus resultierenden mathematischen Multiversum könnten sich dann auch alle möglichen Konstellationen verschiedenster Wirkchen mathematisch realisieren.

Matrix

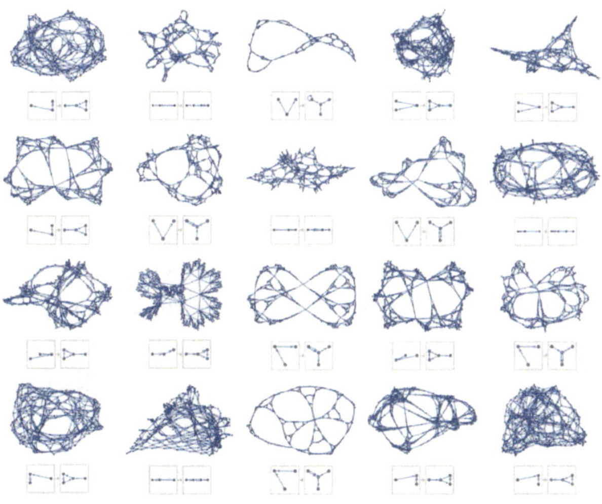

Abb. 48: Stephen Wolframs graphische Darstellung von Strukturen, die durch kleinstmögliche Computerprogramme entstehen

Die von dem Mathematiker, Physiker und Informatiker Stephen Wolfram per Computer generierten Formen sind trotz ihrer ästhetischen Anmutung nicht als Kunstwerke gedacht. Sie sind grafisch aufbereitete Resultate von kleinstmöglichen Computerprogrammen. Unter den Formen steht jeweils die Regel des Programms. Die Anweisung an den Computer lautet: Wo immer die Form im linken Kästchen auftritt, mache daraus die Form im rechten. Die große Struktur darüber entsteht dann durch wiederholtes Anwenden dieser Regel.

Im Absatz »Musk & Matrix« hatten wir gesehen, dass man Wirkchen als Information verstehen kann. Jenseits wilder Phantasien von Hyperformatikerinnen, die uns wie digitale Zootiere auf ihren Hyper-PCs halten, stellt sich schon die ernsthafte Frage, inwieweit es Gemeinsamkeiten zwischen der Informationsverarbeitung unseres Universums und der unserer Computer gibt. Dabei macht man eine erstaunliche Entdeckung. Schaut man sich die kleinsten und primitivsten Computerprogramme an, so kann oft durch deren stetige Wiederholung ein beliebiges Maß an Komplexität erzeugt werden. Und damit nicht genug. Diese komplexen Strukturen weisen teils erstaunliche Gemeinsamkeiten mit unserem Universum auf. Insbesondere entstehen darin auf ganz natürliche Art und Weise Eigenschaften, die der Quantenmechanik und Einsteins Relativitätstheorie entsprechen.[59] Folgt also unser Universum einer ganz einfachen Regel, nach der es sich immer wieder selbst updatet? Die Idee ist vergleichsweise jung und daher ist es viel zu früh, um auf diese Frage eine Antwort zu geben. Interessant ist der Ansatz allemal.

Die *eine* Regel, die unserem Universum perfekt entspricht, ist noch nicht gefunden. Trotzdem stellt man bereits die Frage, warum unser Universum dann genau diese eine Regel nutzt und nicht eine andere. Deshalb untersuchen Forscher neben den Räumen, die aus den einzelnen Regeln entstehen, auch den Raum aller möglichen Regeln. Also sozusagen die Supermatrix, die jede mögliche Matrix enthält. Und in dieser können sich natürlich alle Konstellationen von Wirkchen realisieren.

Maurits

Abb. 49: Maurits Cornelis Escher:
»Angels and Devils« (1960)

Maurits Cornelis Eschers Bild »Angels and Devils« stammt aus dem Jahr 1960. Es lässt entweder weiße Engel oder schwarze Teufel erkennen. Die eigentliche Besonderheit besteht darin, dass die Figuren nach außen hin immer kleiner werden, sodass sich eine unendliche Fortsetzung des Musters innerhalb einer endlichen Fläche ergibt. Dieses Bild inspirierte Nobelpreisträger Sir Roger Penrose zu seiner »Cyclic Conformal Cosmos Theory« (CCC).

Die CCC-Theorie geht davon aus, dass sich unser Universum zyklisch wiederholt. Es dehnt sich zunächst immer weiter aus, wobei am Ende nur Licht übrigbleibt. Licht hat keine Masse. Diese ist aber letztlich notwendig, damit wir Längen im Raum messen können. Das bedeutet, das Universum vergisst gewissermaßen, wie groß es ist. Das riesig große Universum ist damit gleichermaßen sehr klein. Diese und andere Eigenschaften decken sich dann mit den Bedingungen des Urknalls, sodass ein nahtloser Übergang zu einem neuen Beginn des Universums entsteht. Dies schafft eine unendliche Abfolge von Universen, in denen sich alle überhaupt möglichen Konstellationen von Wirkchen realisieren können.

Maxi

Es sind noch mehr Theorien im Umlauf, die Unendlichkeit potenziell ermöglichen. Wir belassen es jedoch erst einmal bei den genannten. Uns geht es ja nur darum, zu zeigen, dass Unendlichkeit ein durchaus ernstzunehmendes Szenario ist. Dabei ist unerheblich, ob die Unendlichkeit räumlich oder zeitlich ist. Worauf wir hinauswollen, ist ein *Maxiversum.* Das meint ein Mega-, Multi- oder Sonstwasversum, in dem sich alle möglichen Konstellationen von allen möglichen Wirkchen realisieren. Oder kurz und knackig: *Das Maxiversum enthält alle Möglichkeiten.* Alles was passieren kann, passiert dort auch. Deswegen die Unendlichkeit. Wenn Sie ein solches Maxiversum aufgrund der oben skizzierten Theorien für ein plausibles und annehmbares Szenario halten, können Sie den Rest dieses Absatzes überspringen.

Wenn Sie es aber ganz genau wissen wollen, dann müssen wir reden. Ganz so einfach, wie gedacht, ist es mit der Unendlichkeit nämlich nicht. Aus mathematischer Sicht gibt es mindestens zwei Arten von ›unendlich‹. Und die sind unterschiedlich groß. Nehmen Sie es mit Humor. So wie der Mathematiker David Hilbert. Der konnte zeigen, dass in einem Hotel mit unendlich vielen belegten Zimmern auch noch beliebig viele Gäste ein Zimmer bekommen können. Selbst wenn unendlich viele Busse mit je unendlich vielen Fahrgästen ankämen, könnte jeder noch ein eigenes Zimmer kriegen.[60] Das und vieles andere an Unendlichkeit ist seltsam. Aber Mathematiker haben sie im Griff. Wenn in ihren Gleichungen etwas unendlich wird, nennen sie es »Singularität« und können gut damit umgehen. Wem Unendlichkeit mehr Unbehagen bereitet, sind die Physiker. Für sie ist Singularität eher eine lateinische Umschreibung von »keine Ahnung, was das sein soll«. Denn in der Natur konnten wir uns noch keine Singularität anschauen. Zum Beispiel in einem Schwarzen Loch werden verschiedene Werte unendlich. Es wird aber davon abgeraten, sich dies von nahem anzuschauen, weil man sich dabei in seine Bestandteile auflöst, noch bevor man etwas gesehen hat. Es gibt auch deutlich weniger spektakuläre Singularitäten. Die Oberseite eines Wassertropfens ist physikalischen Berechnungen nach unendlich spitz. Aber an der Spitze muss ja

mindestens ein ganzes Atom sein. Da ist also die berechnete Unendlichkeit offensichtlich keine echte.

Was hat das jetzt mit uns zu tun? Wir wollten, dass etwas unendlich wird, damit sich alle möglichen Konstellationen auch tatsächlich realisieren. Nun ist es wiedermal wie beim Kniffel. Damit Sie einigermaßen sicher sein können, dass sich *alle* Konstellationen (Paschs, Straßen, Full House etc.) realisieren, müssen Sie viel öfter würfeln, als es Konstellationen gibt. Zu 100 % sicher sein, können Sie sich nur, wenn Sie unendlich oft würfeln. Dann steht einer endlichen Zahl an Konstellationen eine unendliche Zahl an Würfen gegenüber.

Nun ist in einem räumlich und/oder zeitlich unendlichen Maxiversum sozusagen die *unendliche Zahl an Würfen* gegeben. Allerdings sieht es mit der *endlichen Zahl an Konstellationen* erst einmal nicht gut aus. Wenn wir davon ausgehen, dass Raum und Zeit etwas Kontinuierliches sind, so sind in jedem beliebigen Teil unseres Universums unendlich viele Konstellationen von Wirkchen möglich. Die Unterschiede zwischen den Konstellationen können ja dann beliebig klein werden. Oh, und jetzt? Erinnern wir uns an den Abschnitt »Felderlandschaften«. Dort haben wir unsere Wirkchen als Anregungen von Feldern betrachtet. Diese waren portioniert. Es gab nur eine Grundanregung und deren Vielfache. Unsere Wirkchen existieren also nur in bestimmten Portionen, die sich nicht beliebig teilen lassen. Sie sind quantisiert. Nun gibt es Überlegungen, dass alles in unserem Universum quantisiert ist. Auch die Gravitation, ja sogar Raum und Zeit. Experimentell nachweisen können wir das erst einmal nicht. Es spricht aber manches dafür. Dann wäre *alles portioniert*. Und dann gäbe es nur eine endliche Zahl an möglichen Konstellationen.[61] Wenn wir also in einem komplett quantisierten unendlichen Maxiversum leben, könnten wir wieder mit Sicherheit davon ausgehen, dass sich alle möglichen Konstellationen auch tatsächlich realisieren. Dann sogar unendlich oft.

Unendlichkeit ist für unser Gehirn schon ein ganz schöner Batzen. Bezogen auf die Zeit sagt es Woody Allen so: »Ewigkeit dauert lang, besonders gegen Ende.« Bezogen auf den Raum könnte es heißen: »Unendlich? Das zieht sich. Vor allem nach hinten raus.« Tatsächlich kann man sich fragen, ob es auch ein bisschen kleiner geht. Gibt es theoretisch auch ein endliches Maxiversum, in dem sich gleichermaßen alles logisch Mögliche realisiert? Wenn Sie das interessiert, lesen Sie die Endnote.[62] Für die weiteren Überlegungen macht dies aber wenig Unterschied. Entscheidend ist im Folgenden nur der Kerngedanke: *In einem Maxiversum realisiert sich ALLES, was logisch möglich ist.*

Die Hängenden Gärten der Semiramis

(Die erstaunliche Verschmelzung unterschiedlicher Weltanschauungen in einem unendlichen Universum)

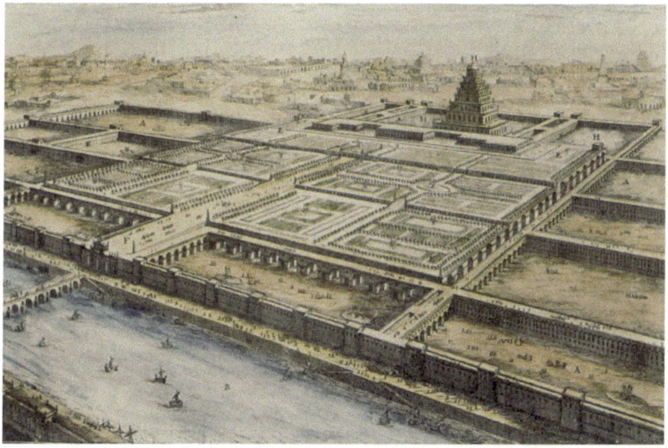

Abb. 50: Johann Bernhard Fischer von Erlach: »Hängende Gärten der Semiramis« (um 1700)

»Die Hängenden Gärten der Semiramis« – auch »die Hängenden Gärten von Babylon« genannt – sind ein sagenumwobenes Objekt antiker Baukunst. Sie waren nach Berichten griechischer Autoren eine aufwendige Gartenanlage in Babylon und zählten zu den sieben Weltwundern der Antike. Johann Bernhard Fischer von Erlach, der als Bildhauer, Maler und Architekt seinerseits zu den bedeutendsten Vertretern der Baukunst seiner Zeit zählt, malte die hängenden Gärten wegen der vagen Überlieferungen mit viel eigener Fantasie. Interessant ist dabei die symmetrische Gestaltung der Gartenanlage samt dem Turm von Babylon. Die Symmetrie ist bei genauer Betrachtung unperfekt – sprich, gebrochen –, was durch die diagonale Grundkonzeption des Bildes nicht gleich auffällt.

Symmetrie ist eine ästhetische Gemeinsamkeit zwischen den Künsten und den Naturwissenschaften. Dies hatte sich schon im Abschnitt »Lied ohne Melodie« angedeutet. Offenbar ist Symmetrie fundamental für Strukturen in Natur und Kunst.[63] Aber auch der *Symmetriebruch* ist bei beiden von Bedeutung. So lässt sich in der Kunst durch das Aufbrechen der Symmetrie die »langweilige« Gleichheit der beteiligten Bereiche vermeiden. Ähnlich ist es in der Physik, wo die Brechung Ungleichheiten bildet, aus denen heraus überhaupt erst etwas Interessantes entstehen kann.[64]

Mus. 12: Blessed Bliss from Broken Symmetry

Nun lassen sich all die Pattsituationen, die wir in diesem Buch kennengelernt haben, auch als Symmetrien auffassen. Wir hatten eine perfekt ausbalancierte Nicht-Entscheidbarkeit bei unseren Wirkchen festgestellt. So ließ sich nicht sagen, ob sie Eigenschaften sind, ohne dass es etwas gibt, das diese hat, oder Eigenschaften von etwas, das uns prinzipiell unzugänglich ist. Gleiches sehen wir bei Materialismus und Idealismus. Zwischen ihnen herrscht ein gut austariertes Gleichgewicht des jeweiligen Für und Wider, wobei sich der Dualismus wie ein Drehpunkt in der Mitte befindet. Ein ähnlich balanciertes Bild zeigte sich zwischen Jenseits und reinem Diesseits. Es scheint tatsächlich, als haben unsere Pattsituationen eine symmetrische Gestalt. Das mag arg fantasievoll klingen.[65] Aber wenn Wissenschaftler und Künstler vorsätzlich nach Symmetrien suchen und sich von ihnen leiten lassen, warum dann nicht auch wir?

Also gut, probieren wir's aus. Offensichtlich können Materialisten und Idealisten nicht gleichermaßen Recht haben. Das gilt auch für die Vertreter von Jenseits und reinem Diesseits. Wie wäre es nun, wenn sich diese Widersprüche wie Symmetriebrechungen verhalten und sich unter bestimmten Umständen auflösen? Vielleicht so, wie bei dem Bild der hängenden Gärten, wo sich durch die Perspektive die Asymmetrie verliert. Oder wie bei einem Magneten, der oberhalb einer bestimmten Temperatur seine Magnetisierungsrichtung aufgibt und drehsymmetrisch wird. Könnte es also sein, dass Materialismus und Idealismus bzw. Diesseits und Jenseits unter bestimmten Umständen zum Spiegelbild ein und desselben werden? Und wenn ja, was wären das für Umstände?

Es kann tatsächlich sein. Und der zentrale Umstand dabei ist das Maxiversum. Dass damit ein unendliches Mega-, Multi- oder Sonstwas-Versum gemeint ist, in dem sich alle möglichen Konstellationen aller möglichen Teilchen (= Wirkchen) auch tatsächlich realisieren, haben wir ja im Abschnitt »Maxi« besprochen. Klar, wir können nicht sagen, ob wir tatsächlich in einem Maxiversum leben. Es ist Spekulation. Da es aber, wie im vorangegangenen Kapitel gesehen, ein ernstzunehmendes Szenario ist, nehmen wir dieses jetzt einfach einmal an. Allerdings reicht das Maxiversum alleine nicht ganz. Wir brauchen noch zwei weitere Argumente. Daher werden wir nun zunächst besprechen, was ein *Block*-Maxiversum ist. Anschließend schauen wir uns an, was es bedeutet, wenn etwas *alle* oder *keine* Eigenschaften besitzt. Vor diesem Hintergrund werden wir dann Materialismus und Idealismus sowie Diesseits und Jenseits noch einmal beleuchten.

Back On The Block

Abb. 51: Quincy Jones: »Back On The Block« (1989)

Das 1989 erschienene Album »Back On The Block« des US-amerikanischen Musikproduzenten, Komponisten, Jazztrompeters, Arrangeurs und Bandleaders Quincy Jones gewann sieben Grammys und gilt als Meilenstein der innovativen Symbiose von Jazz und Pop. Die 96-köpfige Besetzung bestand aus dem Who-is-Who der amerikanischen Musikwelt. Der Jazzkritiker Richard S. Ginell schrieb einmal, dass Jazzfans Jones womöglich dafür verteufeln würden, dass er diese einmalige Konstellation von Jazzgrößen nicht anders nutzte. Aber es sei zu jener Zeit ein wunderbarer Dialog zwischen dem Alten und dem Neuen gewesen; ein zeitloses Stück Musikkultur und »im Nachhinein ein ergreifender Wegweiser der Wachablösung«. »Back On The Block« war somit ein musikalisches Zeugnis der damaligen Gegenwart, das Vergangenheit und Zukunft in sich trug.

Nun werden wir ein physikalisches Phänomen anschauen, das zu Schnappatmung führen kann, wenn man zum ersten Mal davon hört. Klingt vielleicht etwas übertrieben, aber warten Sie's mal ab. Einsteins Relativitätstheorie ermöglicht nämlich folgendes Szenario: Sie und Ihr Alien-Freund Ali sind weit voneinander entfernt. Sehr weit. Galaktisch weit. Sie können sich aber gegenseitig durch ein Teleskop sehen. Wenn Ali irgendwann das Licht erreicht, das Sie gerade abstrahlen, wird er sehen, was Sie jetzt in diesem Moment gerade machen. Soweit so gut. Wenn aber Ali kräftig aufs Gaspedal seines Raumschiffs tritt und Ihnen entgegenfliegt, wird er sehen, was Sie in ihrer Zukunft machen. Mo … ment … was? Ja, tatsächlich. Klingt komisch, ist aber so (um hier einmal die Sendung mit der Maus zu zitieren). Dabei gilt übrigens, je tiefer das Gaspedal, desto ferner die Zukunft. Wenn man dies zu Ende denkt, folgt daraus, dass nicht nur die Vergangenheit, sondern auch die Zukunft des Universums bereits vollständig besteht. Man spricht hier von Einsteins Block-Universum. *Vergangenheit und Zukunft haben demnach eine ewige zeitlose Existenz.* Oder kurz gesagt: Sie sind einfach stetig da.

Das kann nicht sein, das gibt es nicht, das … Schon klar. Das, was sich da meldet, nennt man inneren Widerstand. Damit sind Sie nicht allein. Auch manchen Forschern schmeckt dieser Gedanke nicht. Andere Erklärungen, die eine schon existierende Zukunft umgehen, haben aber Folgen, die für die meisten Forscher noch schwerer zu akzeptieren sind.[66] Daher gehen sie zähneknirschend davon aus, dass wir in einem Block-Universum leben, in dem Zukunft, Vergangenheit und Gegenwart stetig da sind.

Schließen wir uns dem an und schauen, was passiert, wenn unser Maxiversum ein Block-Maxiversum ist. Dabei behelfen wir uns mit einem Bild. Stellen wir uns das Block-Maxiversum wie ein riesiges Daumenkino oder eine gigantische Schallplatte vor. Darauf befinden sich alle überhaupt möglichen Geschichten. Die Gegenwart ist nur die Stelle, an der sich gerade der Daumen oder die Nadel befindet. Alle Geschichten sind einfach immer vollständig da und entstehen doch erst durch das Abspielen. Einsteins Relativität hingegen bestimmt darüber, wer welchen Teil von wessen Geschichte wann erfährt.

Statt Tee vielleicht jetzt doch lieber ein Schnäpschen? Die Vorstellung des Block-Maxiversums ist nicht leicht zu verpacken, da sie so gar nicht zu unserer Alltagserfahrung passt. Denken Sie daher, wann immer Sie das Wort Block-Maxiversum lesen, erst einmal an Daumenkino oder Schallplatte. Das wird Ihnen helfen, das Folgende zu verstehen.

Mann ohne Eigenschaften

Abb. 52: Robert Musil: »Der Mann ohne Eigenschaften« (1930), Motiv Buchcover

Der ab 1930 in drei Bänden erschienene Roman »Der Mann ohne Eigenschaften« von Robert Musil zählt zu den bedeutendsten Werken der deutschen Literatur. Dort verliert sich die Hauptfigur Ulrich in der sinnsuchenden Zerrissenheit des modernen Menschen. Sein Vater sagt über ihn in einem Brief im Roman: »Es ist nicht schwer, diesen zweiunddreißigjährigen Mann Ulrich in seinen Grundzügen zu beschreiben, auch wenn er von sich selbst nur weiß, dass er es gleich nah und weit zu allen Eigenschaften hätte und dass sie ihm alle … in einer sonderbaren Weise gleichgültig sind.«

Wir sind in den vorangegangenen Kapiteln immer wieder auf den Begriff der *Eigenschaften* gestoßen. Wirkchen waren Eigenschaften (ohne etwas, das diese hat, oder von etwas, das uns prinzipiell unzugänglich ist). Bedeutung war das, was wir Eigenschaften geben. Seiendes entstand durch eine Auswahl von Eigenschaften. In diesem Abschnitt werden wir uns nun noch eine besondere Eigenschaft von Eigenschaften ansehen. Dabei geht es um alles oder nichts. Genauer gesagt um alles *und* nichts. Eigentlich haben Sie das Entscheidende schon gelesen, nur vielleicht noch nicht bewusst. Der Vater beschreibt nämlich den Mann ohne Eigenschaften indem er sagt, dass diesem alle Eigenschaften gleich nah sind. Der Mann *ohne* Eigenschaften ist offensichtlich gleichermaßen ein Mann *mit* allen Eigenschaften.

Dies erscheint auf den ersten Blick in doppelter Weise widersprüchlich. Zum einen besitzt dann der Mann Eigenschaften, aber gleichzeitig auch nicht. Zum anderen hat der Mann zu jeder Eigenschaft auch die gegenteilige.[67] Offenbar sollten wir uns den Begriff der Eigenschaft noch einmal ein wenig genauer anschauen.

In der Psychologie versteht man unter Persönlichkeitseigenschaften *relativ stabile Merkmale einer Person, die Vorhersagen von Verhalten zulassen.* Das Entscheidende dabei ist die Formulierung »relativ stabil«. Ach ja, stimmt. Tatsächlich haben wir Stabilität bei Eigenschaften immer stillschweigend vorausgesetzt. Wenn wir sagen, Wirkchen sind Eigenschaften, meinen wir damit natürlich, dass wir von ihnen stabil die gleiche Wirkung erwarten. Nun wird oben von *relativer* Stabilität gesprochen. Dies bedeutet, dass Eigenschaften unterschiedlich stark ausgeprägt sein können. Ausprägung ist dabei die Wahrscheinlichkeit des Verhaltens. Schauen wir uns vor diesem Hintergrund einen Mann ohne Eigenschaften und einen mit allen Eigenschaften an.

Wenn ein Mann *alle* Eigenschaften hat, heißt das, dass jede seiner Eigenschaft in keinster Weise ausgeprägt ist. Dieser Mann hat dann keinerlei stabile Merkmale, die Vorhersagen von Verhalten zulassen. Und dies ist genau die Beschreibung für einen Mann *ohne* Eigenschaften.

Wir halten also fest, dass etwas mit allen Eigenschaften das gleiche wie etwas ohne Eigenschaften ist.

Und nun erinnern wir uns an den Abschnitt »Sein und Seiendes«. Dort hatten wir gesagt: »Es sind die Eigenschaften, die das Seiende erzeugen.« Etwas mit allen Eigenschaften ist folglich genau wie etwas ohne Eigenschaften *nichts Seiendes*. Was das genau ist, werden wir uns im übernächsten Abschnitt anschauen. Für den Moment genügt die intuitive Vorstellung, dass Nicht-Seiendes schlichtweg nicht (da) ist.

Hier erschließt sich nun der Kunstgriff in Musils Titel. Er spielt mit der Unmöglichkeit, dass sein Protagonist keine (bzw. alle) Eigenschaften hat. Dadurch rückt er ihn in die Nähe eines nicht (Da)Seins und stilisiert dadurch dessen Gleichgültigkeit.

Wir halten also fest: Wenn etwas alle oder keine Eigenschaften hat, ist es nicht (da). Nehmen Sie sich etwas Zeit, damit sich diese Erkenntnis setzen kann. Sie wird nun eine wichtige Rolle spielen.

Der mit dem Wolf of Wall Street tanzt

Schauen wir uns nun an, was aus Materialismus und Idealismus in einem Block-Maxiversum wird. Wundern Sie sich nicht, wenn Sie manches mehrmals lesen müssen. Mit dem Block-Maxiversum zu jonglieren, ist anfangs gewöhnungsbedürftig. Nehmen Sie sich Zeit. Wenn Sie bis hierhin gekommen sind, checken Sie auch das.

Machen wir uns zunächst noch einmal kurz ein Bild davon, worin genau die Gemeinsamkeiten und Unterschiede von Materialismus und Idealismus bestehen. Zunächst einmal gehen beide Positionen davon aus, dass es Wirkchen gibt. Diese bilden unsere Natur, zu der auch unser Gehirn gehört. Auch besteht Einigkeit, dass wir Menschen Bewusstsein haben und dass es Beziehungen zwischen Gehirnaktivität (brain states) und Bewusstseinszuständen (mind states) gibt. Der Unterschied zwischen Materialismus und Idealismus entsteht erst bei der Frage, ob Geist aus Materie oder Materie aus Geist besteht.

- *Mind from Matter* hieß das Motto des Materialismus. Gemeint ist, dass aus den Wirkchen-Konstellationen des Gehirns das Bewusstsein

entsteht. Am Ende eines jeden Lebens lösen sich die Wirkchen-Konstellation auf und folglich verschwindet damit auch das Bewusstsein.
- *Matter from Mind* hieß das Motto des Idealismus. Gemeint ist, dass alle Wirkchen und ihre Konstellationen Bewusstseinsinhalte sind. Da die Wirkchen-Konstellationen (z.B. ein Baum) für alle Lebewesen gleich vorhanden sind, muss es ein kollektives Bewusstsein geben, in dem die Wirkchen beheimatet sind. Von diesem ist unser individuelles Bewusstsein zu Lebzeiten getrennt, was wir uns als Dissoziation vorgestellt hatten.

Was ändert nun ein Block-Maxiversum an diesem grundsätzlichen Unterschied? Nun ja, im Maxiversum realisieren sich alle möglichen Wirkchen-Konstellationen. Damit gibt es dort auch alle Konstellationen, die Bewusstsein beheimaten (z.B. Gehirne). *Somit realisieren sich im Maxiversum alle Möglichkeiten von Bewusstsein.* Zusätzlich führt die Block-Eigenschaft dazu, dass Vergangenheit, Gegenwart und Zukunft stetig da sind. Wir können daher festhalten: *Im Block-Maxiversum ist jedes mögliche Bewusstsein unabhängig von Vergangenheit, Gegenwart und Zukunft stetig da.*

Der letzte Satz ist bemerkenswert. Er klingt wie aus dem Munde eines Idealisten, folgt aber nur aus der materialistischen Annahme, dass wir in einem Block-Maxiversum leben. Doch es bleibt noch ein kleiner Unterschied. Wenn sich mit dem Ende des Lebens die Gehirne auflösen, bleiben die Bewusstseine im Block-Maxiversum ja stetig da. Aber laut Idealismus verbinden sie sich mit dem *Kollektiv.* Dieses kennt der Materialismus nicht und so bleiben dort die Bewusstseine *getrennt.* Wie lässt sich nun dieser Unterschied noch auflösen?

Schauen wir uns das Kollektiv genauer an. Es enthält ja im Maxiversum alle überhaupt möglichen Bewusstseine. Wenn diese vollständig miteinander verschmelzen würden, hätte das dabei entstehende Kollektiv *alle überhaupt möglichen Eigenschaften* von Bewusstsein. Nun haben wir gesehen, dass etwas mit allen Eigenschaften das gleiche ist, wie etwas ohne Eigenschaften. Damit wäre das Kollektiv eigenschaftslos. Also nichts Seiendes. Dann aber wäre das Kollektiv nicht (da), und der Idealismus könnte nicht erklären, warum wir alle die gleiche Außenwelt wahrnehmen. Folglich müssen die Bewusstseine auch im idealistischen Kollektiv getrennt bleiben. Et voilá, dann gibt es keinen Unterschied mehr zum Materialismus.

Scheinbar haben wir unser Ziel erreicht – und doch bleibt ein seltsamer Nachgeschmack. Kollektiv hat doch etwas von Verbundenheit. Kann es nicht sein, dass die Bewusstseine irgendwie doch ein bisschen verbunden sind? Ja, es kann nicht nur, es muss sogar. Um das zu verstehen, schauen wir uns genauer an, was es bedeutet, Bewusstseine zu trennen und zu verbinden.

Wir hatten uns dies bisher anhand des *psycho*logischen Phänomens der Dissoziation vorgestellt. Man kann aber Bewusstseine auch *physio*logisch trennen und verbinden. So gibt es einerseits sogenannte Split-Brain-Patienten, bei denen die Verbindung zwischen ihren beiden Hirnhälften aufgrund von schwerer Epilepsie operativ getrennt wurde. Sie erscheinen nach diesem Eingriff erstaunlich normal. Bestimmte Tests weisen aber darauf hin, dass sie zwei Bewusstseine haben,[68] die erstaunlicherweise relativ wenig voneinander mitbekommen. Dass sich ein einzelnes Bewusstsein aus einem kollektiven abtrennt, zeigt sich demnach als reales Phänomen.

Andererseits finden wir auch einen Fall von zwei verbundenen Gehirnen. Und zwar gibt es ein Paar Siamesischer Zwillinge, die so stark miteinander am Kopf verwachsen sind, dass man sie operativ nicht trennen kann. Die Gehirne sind derart eng miteinander verbunden, dass das eine Kind sagen kann, was das andere sieht, fühlt und denkt. Und doch handelt es sich um zwei eigenständige Personen. Die Verbindung von Bewusstseinen ist demnach ebenfalls ein reales Phänomen.

Was sagt uns das nun? Zum einen sehen wir, dass das Trennen und Verbinden von Bewusstseinen in unserer Welt real vorkommt. Und zwar sowohl als psychologisches Phänomen (Dissoziation) sowie auch als physiologisches (Split Brain & Siamesische Zwillinge). Zum anderen können diese Phänomene als Modell für die beteiligten Prozesse dienen. Dementsprechend kann man sich das idealistische Kollektiv so wie bei den Zwillingen vorstellen. Die Bewusstseine sind verbunden, bleiben aber als verschiedene Jemands erhalten. Dabei zeigt sich, was Verbindung meint. Die Bewusstseine verschmelzen nicht miteinander, sondern sie tauschen lediglich Bewusstseinsinhalte miteinander aus. Und das bedeutet: *Sie kommunizieren.*

Das gibt unseren Überlegungen nochmal eine neue Wendung. Es handelt sich beim idealistischen Kollektiv offenbar um getrennte Bewusstseine, die miteinander kommunizieren. Und jetzt schließt sich der Kreis, jetzt wird ein Schuh draus. Denn auch im Materialismus haben wir kommunizierende, getrennte Bewusstseine. Beispielsweise begegnen Sie anderen Menschen. Sie sehen diese, sprechen mit ihnen oder schreiben ihnen Nachrichten. Dabei tauschen Sie Bewusstseinsinhalte aus. Nun passiert ja im Maxiversum alles, was passieren kann. Daher findet dort natürlich auch jede mögliche Kommunikation zwischen jedem möglichen Bewusstsein statt. Und daraus folgt: *Im Block-Maxiversum sind alle möglichen Bewusstseine und alle Kommunikationen zwischen ihnen stetig da.* Jetzt haben wir es geschafft, denn diesem Satz kann jeder Idealist und jeder Materialist zustimmen. Wir haben den Symmetriebruch aufgehoben und gezeigt, dass wenn wir in einem Block-Maxiversum leben, das wahre Wesen des Wolfes ein anderes ist. *Dort sind Idealismus und Materialismus ein und dasselbe.* Oder *der*selbe. Der mit dem Wolf of Wallstreet tanzt.

Oha, das muss man wohl erst einmal verdauen. Danach aber können Sie obendrein auch noch den Dualismus abfrühstücken. Wir hatten im Abschnitt »Steppenwolf« festgestellt, welchen zwei gewichtigen Kritikpunkten sich dieser ausgesetzt sieht. Der eine bestand darin, dass der Dualismus statt einer Grundsubstanz zwei braucht, nämlich Wirkchen (Materie) *und* Bewusstsein (Geist). Nun gilt ja im Block-Maxiversum die idealistische Annahme, dass alle Wirkchen Inhalte des kollektiven Bewusstseins sind. Materie ist demnach eine geistige Erscheinungsform. Jegliche Materie ist auch Geist. Muss aber umgekehrt jeglicher Geist auch Materie sein? Oder könnte es Geist geben, der jenseits von Materie besteht? Dann wäre dieser Geist jenseitig. Das erscheint zunächst denkbar. Jedoch werden wir im nächsten Abschnitt zeigen, dass sich in einem Block-Maxiversum auch die Unterschiede zwischen Diesseits und Jenseits auflösen. Daraus folgt dann aber, dass es keinen Geist jenseits von Materie geben kann. Und das bedeutet: *Materie und Geist sind im Block-Maxiversum ein und dasselbe.* Nur in verschiedener Erscheinungsform. Somit haben wir nur noch eine Grundsubstanz.

Der zweite Kritikpunkt bestand in der Erklärungslücke, wie Geist auf Materie einwirken kann. Da allerdings beides ein und dasselbe ist, gibt es nichts mehr zu erklären. Gleichzeitig schließt sich die Erklärungslücke des Materialismus, wie aus Materie Geist entstehen kann. Wenn Materie = Geist gilt, erübrigt sich eine Erklärung. Wir fassen zusammen: *Der Dualismus wird im Block-Maxiversum zu einem Monismus*[69]*, der sich nicht von Materialismus und Idealismus unterscheidet.*

Das war starker Tobak. Chapeau, wenn Sie noch dabei sind. Falls Sie das Gefühl haben, Sie brauchen jetzt eine ganze Flasche Schnaps, ist das verständlich. Empfehlenswert ist es aber nicht. Wenn Sie diesen Abschnitt verstanden haben, gehören Sie möglicherweise nicht zu den Menschen, die dies vertragen. Betrachten wir lieber ganz nüchtern, wie es im Block-Maxiversum mit Diesseits und Jenseits aussieht.

Wer's früher glaubt, ist länger selig

Nun werden wir sehen, wie sich in einem Block-Maxiversum auch die Widersprüche zwischen Diesseits und Jenseits auflösen.

Dazu fragen wir uns zunächst, wie etwas jenseits des Block-Maxiversums aussehen kann. Wir kennen bereits typische jenseitige Annahmen, nämlich

- einen Gott – sprich, jegliches höhere Wesen oder eine höhere Macht
- eine Schöpfung
- ein Leben nach dem Tod oder eine Wiedergeburt.

Wir werden diese Annahmen nun untersuchen, um zu schauen, was daran wirklich jenseitig und nicht schon im Block-Maxiversum enthalten ist.

Beginnen wir mit der Annahme eines Gottes. Welche Eigenschaften schreiben Religionen ihrem Gott zu und was daran ist »rein göttlich«? Gott wird beschrieben als:

Allmächtig, allwissend, allgütig, unendlich, ewig, heilig, herrschend, ganz, absolut, verehrungswürdig, groß, vollkommen, alles enthaltend, Liebe, richtend, gerecht, weise, souverän, wahrhaftig, gütig, gnädig, unbegreiflich, stark, Rettung …

Wir teilen diese Eigenschaften nun in vier Kategorien ein, die je ein unterschiedliches Verhältnis zum Block-Maxiversum zeigen.

1. Gott ist unendlich, ewig, ganz, absolut, alles enthaltend und groß. All diese Eigenschaften entsprechen genau dem Block-Maxiversum.
2. Gott ist allmächtig, herrschend und stark. Dies bedeutet, dass Gott jederzeit nach Belieben eingreifen kann. Nun enthält das Maxiversum alle logisch möglichen Wirkchen-Konstellationen. Ein Eingreifen würde somit entweder zu einer anderen logisch möglichen Wirkchen-Konstellation führen. Diese wäre dann aber eh schon irgendwo im Block-Maxiversum zeitlos enthalten. Oder es würde zu einer logisch nicht möglichen Wirkchen-Konstellation kommen. Etwas rein Göttliches müsste sich damit außerhalb von Logik befinden. Wir werden uns gleich anschauen, ob das sein kann.
3. Gott ist allwissend, unbegreiflich und weise. Weiß Gott etwas, das kein Bewusstsein innerhalb des Block-Maxiversums wissen und begreifen kann? Das ist vorstellbar. Vielleicht wird niemals ein Maxiversumbewohner alle Naturgesetze vollständig kennen und vollends verstehen. Ja und schon gleich gar nicht wissen, was zu jeder Zeit überall los ist. So ein Maxiversum ist immerhin groß. Da ist doch jede Menge Platz für rein göttliches Wissen. Aber die Naturgesetze und das, was zu jeder Zeit überall los ist, ist doch genau, was das Block-Maxiversum enthält. Kann man das nicht als Information und damit als Wissen verstehen? Als Information vielleicht schon, aber als Wissen nicht. Dazu bräuchte es einen Jemand, dessen Bewusstsein die Informationen deutet. Kann das Block-Maxiversum also ein Jemand sein? Wir werden uns auch anschauen, ob das sein kann.
4. Gott ist allgütig, heilig, verehrungswürdig, vollkommen, Liebe, richtend, gerecht, souverän, wahrhaftig, gütig, gnädig, Rettung. All dies sind menschliche Eigenschaften und Ausdruck einer Mensch-Gott-Beziehung. Hierzu bräuchte es wieder einen Jemand. Kann das Block-Maxiversum also ein Jemand sein?

Wir sehen, dass wenn es etwas rein Göttliches gibt, sich Gott entweder außerhalb von Logik bewegt oder er im Gegensatz zum Block Maxiversum ein Jemand ist. Gehen wir beiden Fragen nach.

Kann sich Gott außerhalb von Logik bewegen? Na ja, Gott ist erst einmal alles zuzutrauen. Nur wozu würde das führen? Nehmen wir als Beispiel einmal an, dass für Gott nicht nur 3 = 3, sondern auch 3 = 4 gilt. Das würde sich außerhalb von Logik bewegen.[70] Dann aber kann man nicht nur beweisen, dass 9 = 9 und 17 = 123 ist. Sie können damit auch zeigen, dass jede Zahl = jede Zahl sein kann. Und zwar egal, ob Sie bei Ihrem Beweis logisch oder unlogisch schlussfolgern. Damit hat aber jede Zahl jegliche Eigenschaften, die eine Zahl haben kann. Und damit auch keine. Zahlen sind dann kein Seiendes mehr. Und damit nicht genug. Man kann die Eigenschaften von Elementarteilchen durch Angabe weniger Kennzahlen eindeutig beschreiben. Wenn jede dieser Zahlen alle Eigenschaften hat, dann folglich auch jedes Elementarteilchen. Ein Elektron ist dann gleichzeitig auch ein Photon, ein Quark und jedes überhaupt denkbare andere Teilchen. Damit sind Teilchen dann auch nichts mehr Seiendes. Alles verliert sein Sein.[71]

Nun gut, dann kommen wir zur zweiten Frage. Kann das Block-Maxiversum ein Etwas sein und Gott ein Jemand? Da Gott je nach theologischer Lehre in unterschiedlichem Verhältnis zur Welt – sprich, zum Block-Maxiversum – stehen kann, müssen wir hier drei verschiedene Fälle bedenken:

1. Gott steht außerhalb des Block-Maxiversums (Theismus):[72] Dann muss sein Bewusstsein außerhalb des Kollektivs stehen. Da aber das Block-Maxiversum *alle Möglichkeiten* von Bewusstsein enthält, müsste das, was außerhalb steht, *unmögliches* Bewusstsein sein.
2. Gott enthält das Block-Maxiversum, ist aber größer (Panentheismus):[73] Das Block-Maxiversum enthält ja alle möglichen Bewusstseine als Kollektiv. Diese sind getrennt voneinander. Nun ist Gott *ein* Jemand, also *ein* Bewusstsein. Wenn er alle Bewusstseine enthält, ist das die *Verschmelzung* aller möglichen Bewusstseine. Diese ist eigenschaftslos. Dann ist das rein göttliche Bewusstsein nichts Seiendes.
3. Gott ist das Block-Maxiversum selbst (Pantheismus):[74] Vordergründig ist dies ein Widerspruch. Nichts kann gleichzeitig ein Jemand und ein Etwas sein. Wenn Gottes Bewusstsein aber nichts Seiendes ist, wäre es möglich.

Wir halten also fest, dass der Unterschied zwischen Gott und dem Block-Maxiversum nichts Seiendes ist. Wir werden im folgenden

Abschnitt sehen, was das genau bedeutet. Aber es wird hier schon klar, dass sich Theologie und Atheismus nicht unterscheiden, wenn der Unterschied nicht (da) ist.

Bisher ging es ja um die erste jenseitige Annahme, die eines Gottes. Nun kommen wir zur zweiten, der einer Schöpfung. Da im Block-Maxiversum Vergangenheit und Zukunft stetig da sind, ist eine Schöpfung als Anfang von allem ausgeschlossen. Moment, was ist mit dem Urknall? Ist der nicht ein Anfang? Ja schon, er könnte sogar der Beginn des gesamten Maxiversums sein. Aber stellen wir uns dieses wieder als Daumenkino vor. Dann wäre der Urknall nur der Beginn der Geschichte. Er wäre jedoch nicht die Schöpfung des Daumenkinos. Das ist stetig da. Eine Schöpfung à la Adam und Eva als einem Anfang von Allem wäre daher nur der Beginn einer Geschichte.

Bleibt abschließend noch die Frage nach einem Leben nach dem Tod oder einer Wiedergeburt. Beides ist natürlich im Block-Maxiversum auch gegeben. Im Bild des Daumenkinos könnte man sagen, mit dem Tod geht der Ablauf der Geschichte zu Ende, aber das Daumenkino ist stetig da und damit auch die Geschichte an sich. Die Wiedergeburt kommt daher, dass sich in einem unendlichen Maxiversum alle Wirkchen-Konstellationen auch unendlich oft wiederholen.

Jetzt können wir zusammenfassen: Wir haben gesehen, dass das Block-Maxiversum alle Eigenschaften enthält, die für ein Jenseits stehen. Gott, Schöpfung, Leben über den Tod hinaus und Wiedergeburt. Somit ist das Block-Maxiversum gewissermaßen diesseitig und jenseitig zugleich. Jeglicher Streit zwischen Theologen und Atheisten erübrigt sich also unter der Annahme eines Block-Maxiversums. Nicht jedoch jedes Gespräch. Theologen können durchaus von Gott, seiner Allheit, seiner Heiligkeit, dem Verehrenswerten und seiner Liebe sprechen. Atheisten können weiterhin mit einem eher nüchternen Blick auf das Block-Maxiversum schauen. Man kann sich aber auch klar machen, dass dies nur unterschiedliche Worte für den gleichen Sachverhalt sind. Verschiedene Erlebensweisen unserer Welt.

Das vergängliche Sein der hängenden Rose

Nun ist uns immer wieder die Formulierung begegnet, dass etwas »nichts Seiendes« ist. Aber was kann das sein? Na ja, zum einen hat Seiendes Eigenschaften. Erinnern Sie sich an den Stuhl, der durch die Eigenschaft entsteht, dass man darauf sitzen kann. Nichts Seiendes muss also eigenschaftslos sein. Zum anderen kann man sich überlegen, dass Seiendes vergänglich ist. Das liegt daran, dass Eigenschaften veränderlich und somit vergänglich sind. Und somit ist es alles Seiende auch. Zusammengefasst heißt das nun: Wir suchen bei »nichts Seiendem« nach etwas, das eigenschaftslos und zeitlos ist.

Mus. 13: Da Vacuum

Das Gesuchte könnte das Nichts sein. Gemeint ist nicht das Vakuum. Wenn wir aus einem Raum alle Elementarteilchen heraussaugen, so ist dieses Vakuum trotzdem nicht leer. Entsprechend der Quantentheorie gibt es in diesem Raum sogenannte Fluktuationen, durch die virtuelle Teilchen entstehen und vergehen. Deren Existenz lässt sich auch experimentell[75] nachweisen. Es ist faszinierend, dass der leere Raum bereits etwas entstehen lässt. Diesen leeren bzw. eben nicht ganz leeren Raum unterscheiden wir aber vom Nichts. Letzteres enthält nämlich nicht einmal Raum und Zeit. Dabei ist es nicht wichtig, ob es ein solches Nichts »irgendwo« wirklich gibt – oder ob es nur eine Idee ist. Wir wissen ja eh, dass nicht Nichts ist. Aber dieses Nichts ist dann natürlich eigenschaftslos und da es in ihm keine Zeit gibt, auch zeitlos.

Das Gesuchte könnte aber auch das Sein (an sich) sein. Wir hatten im Abschnitt »Sein und Seiendes« gesagt, dass Sein das Merkmal ist, was allem Seienden nach Abzug der jeweils individuellen Eigenschaften immer noch gemeinsam ist. Das Sein kann demnach keine Eigenschaften haben. Darüber hinaus ist es zeitlos. Denn das Sein (an sich) ist nicht davon abhängig, *wann* etwas (da) ist.

Soweit, so gut. Aber was ist dann mit »nicht Seiendem« gemeint? Sein oder Nichts? Das ist leicht zu entscheiden. Denn es hängt bloß davon ab, ob überhaupt irgendwann und irgendwo etwas (da) ist. Wenn nichts da ist, ist Nichts. Wenn etwas da ist, gibt es Sein.

Das klingt zwar kompliziert, ist aber eigentlich klar. Aber jetzt stellen wir die Frage: Da Gott bzw. das Block-Maxiversum nichts Seiendes ist, ist er bzw. es dann Sein oder Nichts? Natürlich Sein. Denn es gibt Seiendes, was Sie beispielsweise merken, wenn Sie die Augen aufmachen. Na, dann ist ja alles klar. Klingt schön, nur … Moment mal.

Im Block-Maxiversum haben Vergangenheit, Gegenwart und Zukunft eine ewige zeitlose Existenz. Die Dinge, die Sie gerade sehen, sind somit auch stetig da. Unvergänglich. Also sind sie nichts Seiendes. Dann gibt es ja überhaupt nichts Seiendes. Raufen Sie sich ruhig die Haare. Denn das bedeutet, Gott bzw. das Block-Maxiversum ist Nichts. Und jetzt?

Jetzt atmen Sie tief durch und machen es sich gemütlich. Denn es muss genau so sein. Warum, erklären wir nun zweimal, je nachdem ob Ihnen die Vorstellung eines Gottes oder eines Block-Maxiversums leichter zugänglich ist.

Erste Erklärung: Aus Gottes Perspektive sind alle Dinge inklusive uns Menschen zeitlos stetig da. Aus unserer Perspektive hingegen sind sie vergänglich. Also gibt es nur aus unserer Perspektive Seiendes. Gott ist genau deshalb Sein, weil es unsere Perspektive gibt. Ohne unser Erleben wäre er Nichts.

Zweite Erklärung: Das Block-Maxiversum enthält alle möglichen Konstellationen aller möglichen Wirkchen. Die Möglichkeiten an sich sind potenziell und damit zeitlos. So gesehen sind die Konstellationen nichts Seiendes und das Block-Maxiversum folglich das Nichts. Aber wenn sich die Wirkchen-Konstellationen konkret realisieren, sind sie vergänglich und damit Seiendes. Dann ist das Block-Maxiversum das Sein. Offenbar kommt es darauf an, ob sich die potenziellen Möglichkeiten konkret realisieren. Das ist zunächst schwer zu sagen, denn wir haben gesehen, dass Wirkchen nichts Gegenständliches sind. Aber es wird schnell klar, dass sie sich realisieren. Denn wir Menschen erleben, dass sie keine potenziellen Möglichkeiten sind, sondern dass es sie konkret gibt. Wegen uns ist das Block-Maxiversum somit das Sein.

Machen Sie eine Pause und trinken Sie einen Sekt. Sie sind durch. Das war harter Stoff. Der Rest ist Peanuts. Aber nur nochmal für's Protokoll: Ist es nicht wundervoll, wie sich alles schlüssig zusammenfügt?

Was den Pudel im Innersten verweilen lässt

Wir haben in den vorangegangenen Abschnitten gesehen, wie sich in einem Block-Maxiversum die Widersprüche zwischen Idealismus und Materialismus sowie zwischen Diesseits und Jenseits auflösen. Nun werden wir abschließend noch erleben, welch versöhnliche Antworten uns das Block-Maxiversum auf viele fundamentale Fragen liefert:

- *Wie kann man sich unser Maxiversum vorstellen? Was bedeutet es, dass es alle Möglichkeiten enthält?* Alle Wirkchen-Konstellationen, sowie alle Bewusstseine und all deren Kommunikationen sind darin vorhanden. Und das unendlich oft. Diese Allheit ist völlige Abstraktion. Man kann sie sich nicht wirklich konkret vorstellen. Es ist ja zunächst sogar unklar, ob das Block-Maxiversum Sein oder Nichts ist. Auch die Wirkchen sind erst einmal nur abstrakte Potenziale.
- *Wozu braucht uns das Block-Maxiversum?* Durch uns werden die Wirkchen und damit das Maxiversum erlebt. Dadurch werden die Wirkchen zu etwas Seiendem und das Block-Maxiversum zum Sein.
- *Sind im Block-Maxiversum unsere Wirkchen nun Eigenschaften ohne etwas, das diese hat, oder Eigenschaften von etwas, das uns prinzipiell unzugänglich ist?* Da uns die Eigenschaften zugänglich sind, müsste das uns prinzipiell Unzugängliche eigenschaftslos sein. Dann ist es nichts Seiendes. Die Frage löst sich daher im Block-Maxiversum auf, denn der Unterschied zwischen beidem ist nicht (da).
- *Warum kann ich nicht in Ihr Bewusstsein und Sie nicht in meins?* Die Trennung der Bewusstseine ist notwendig, weil das Bewusstseinskollektiv sonst alle Eigenschaften hätte und somit nichts Seiendes wäre.
- *Warum gibt es Leid? Warum ist Glück ungleich verteilt? Warum ist die Welt ungerecht?* Das Block-Maxiversum enthält alle logisch möglichen Konstellationen von Wirkchen. Wirkchen sind Eigenschaften. So auch alle daraus zusammengesetzten Dinge und Wesen. Nun muss in der Allheit des Block-Maxiversums zu jeder Eigenschaft auch die gegenteilige enthalten sein. Daher muss es letztlich, wenn es reich gibt, auch arm geben. Wenn es schön gibt, auch hässlich, wenn froh, auch traurig.

- *Was ist der Sinn des Lebens im Block-Maxiversum?* Denken wir wieder ans Daumenkino. Das Block-Maxiversum enthält stetig alle Geschichten. Auch Ihre Geschichte ist dabei und sie wird durch die sich in der Zeit wandelnde Gegenwart erzählt. Der Sinn des Lebens besteht darin, dass Sie diese Geschichte erleben. Es ist der Sinn, ein erlebender Teil des »Alles« zu sein, das sich einerseits entfaltet und andererseits schon ist.
- *Was bedeutet Liebe im Block-Maxiversum*? Liebe ermöglich das intensivste Positiverlebnis überhaupt. Sie bildet damit den tiefsten Sinn. Dieser Sinn entfaltet sich als Erleben auch jenseits von Ordnen und Handeln. Nicht umsonst geben Erziehungswissenschaftler werdenden Eltern gerne einen Merksatz für den Umgang mit dem Nachwuchs mit auf den Weg: »Liebe gibt's fürs Sein und nicht fürs Tun.« Dies gilt letztlich auch für Partnerschaft, Liebe zu einem Gott und Selbstliebe. Liebe ist die am tiefsten empfundene Freude am Sein.
- *Ändert das Block-Maxiversum etwas bezüglich unseres freien Willens?* Erstaunlicherweise ja. Dort ist erstens sicher, dass es ihn nicht gibt, denn die Zukunft hat eine zeitlose Existenz. Zweitens fühlt es sich dort weniger absurd an. Denn im Block-Maxiversum realisieren sich auch alle logisch möglichen Handlungsalternativen und sind wie alles stetig da.
- *Warum ist so vieles prinzipiell unentscheidbar? Warum haben wir so viele Pattsituationen bei wichtigen Fragen?* Das Block-Maxiversum hat dazu geführt, dass sich grundlegende Nicht-Entscheidbarkeiten auflösen. Wenn die Annahme eines Block-Maxiversums falsch ist, bleiben sie allerdings bestehen. Dann ist auch diese Frage nicht beantwortbar.
- *Warum sind wir vergänglich?* Vergänglich ist im Block-Maxiversum nur das Erleben der eigenen Geschichte. Die Geschichte an sich ist es ja nicht. Nun benötigt Erleben einen zeitlichen Verlauf. Mark Twain hat einmal so schön gesagt: »Zeit ist das, was verhindert, dass alles auf einmal passiert.« Dementsprechend kann man die Frage anders stellen. Warum ist der zeitliche Verlauf des Erlebens nicht unbegrenzt? Erlebnisse prägen unsere persönlichen Eigenschaften. Wenn wir eine unendlich lange Geschichte erleben, entstehen unendlich viele Erleb-

nisse. Unendlich viele Erlebnisse würden aber zu Eigenschaftslosigkeit des individuellen Bewusstseins führen.

- *Was passiert nach dem Tod?* Unsere Geschichte ist noch Teil der Gesamtheit aller Geschichten. Sie bleibt Teil des Block-Maxiversums. Dieses ist aber kein Seiendes, sondern Sein an sich. Daher sind wir und unsere Geschichte Teil des Seins, aber nach dem Tod nichts mehr Seiendes. Dies ist genau das, wovon viele spirituelle Lehrer ausgehen. Vorstellen kann man es sich nicht, tot zu sein. Sokrates sagt in seiner Apologie[76] angesichts des ihm bevorstehenden Schierlingsbechers, er wisse nicht, ob ihm ein traumloser Schlaf oder eine jenseitige Fortsetzung mit Begegnungen verstorbener Persönlichkeiten bevorstehe. Natürlich wissen wir heute auch nicht mehr. Aber lassen wir uns erneut von dem naiven Grundgedanken leiten, der uns schon einmal zu interessanten Einsichten geführt hat. Ist es nicht ungerecht, dass manche das eine glauben, manche das andere und nicht beide recht haben können. Wie wäre es, wenn doch wieder beide recht hätten? Im Block-Maxiversum sind ja auch alle *Begegnungen* stetig da. Gleichzeitig ist das Erleben der individuellen Geschichte vorbei, was man sich durchaus wie ein traumloses Sein vorstellen kann.

Mus. 14: Au Revoir Stefan

- *Was ist fundamental im Block-Maxiversum, sprich, was erzeugt alles?* In Frage dafür kommen Bewusstsein, Wirkchen und Logik. Schnell zeigt sich, dass Logik nicht fundamental sein kann. Denn Logik meint potenzielle Möglichkeiten, die sich im Maxiversum erst durch unser Bewusstsein realisieren und so zu konkreten Wirkchen (= Seiendem) werden. Bleiben für eine Grundsubstanz noch Bewusstsein und Wirkchen. Nun gilt ja im Block-Maxiversum Materie = Geist. Damit handelt es sich bei beidem um die *eine* fundamentale Substanz in verschiedenen Erscheinungsformen (bzw. Erlebnisweisen). Diese allerdings gehorcht der Logik, da sonst (wenn beispielsweise 3 = 4 ist) alles seine Eigenschaften verliert und es somit kein Seiendes geben kann.[77]

Abb. 53: Verhältnis von Materie, Geist und Logik

- *Warum ist nicht Nichts?* Damit sind wir bei der Frage aller Fragen angekommen. Auch sie hat die Menschheit aus den uns mittlerweile vertrauten drei Perspektiven beleuchtet. So können Philosophen beschreiben, *welche* Beschaffenheit eine Antwort haben müsste,[78] Naturwissenschaftler legen dar, *wie* ein Entstehungsprozess aus einer Art Nichts physikalisch ablaufen könnte[79] und Künstler zeigen, *was* ein stimmiges Bild für eine Genesis sei.[80] Die eigentliche Frage, *warum* überhaupt irgendetwas existiert, bleibt dabei allerdings offen. Nun sagen viele schlaue Köpfe, dass zumindest Logik existieren muss. *Warum? Darum!* Ohne einen Grund und doch notwendigerweise. Wenn Sie die gleiche Haarfarbe haben wie Ihre Mutter und wie Ihr Vater, dann folgt daraus logisch, dass Ihre Eltern beide die gleiche Haarfarbe haben. Wie sollte es anders sein? Soweit, so gut. Allerdings haben wir gesehen, dass Logik potenziell ist. Sie sagt gewissermaßen, wie sich Dinge verhalten, wenn es sie denn gibt. Warum sich aber aus abstrakter Logik eine konkrete Substanz (Materie/Geist) realisiert, bleibt auch in einem Block-Maxiversum das zentrale Rätsel unserer Existenz.

Das war ein ziemlicher Ritt und wir sind am Ziel. Die Antworten auf die oben gestellten Fragen fügen sich auf wundersame Weise zu einem schlüssigen Gesamtbild von außerordentlicher Schönheit und symmetrischer Gestalt zusammen. Es scheint, als kämen die ursprünglichen Unterschiede zwischen Materialismus, Idealismus und Dualismus, sowie zwischen Religion und Atheismus von einem Symmetriebruch, der durch eine Weltsicht entsteht, die auf unser Universum reduziert ist. Da stellt sich nur noch eine Frage:

Ist es also wahr, dass wir in einem Block-Maxiversum leben? Es gibt eine Wahrheitstheorie, die besagt, dass die Wahrheit einer Aussage wahrscheinlicher wird, wenn sie zusammen mit anderen Aussagen ein schlüssiges Gesamtbild ergibt.[81] Ein solches Gesamtbild zeigt sich durchaus. Die sich scheinbar widersprechenden Aussagen von Materialismus, Idealismus, Dualismus, sowie jeglicher Form von Religion und Atheismus fließen sinnvoll ineinander.

Ist das Block-Maxiversum also des Pudels Kern? Was dort die Welt im Innersten zusammenhält, ist, dass alles passiert, was passieren kann. Wenn man dort zum Augenblick sagt, verweile doch, du bist so schön, geschieht dies in gewisser Weise. Vergangenheit, Gegenwart und Zukunft haben dort ja eine ewige zeitlose Existenz. Aber lassen wir uns von Goethes Sprache nicht die Sinne betören.[82] Das Block-Maxiversum ist vor allem eines: Spekulation.

Die Zuckerfee
(Der Blick zurück in die Welt des Alltags)

Abb. 54: Lauren Cuthbertson als Zuckerfee in Tschaikowskis »Der Nussknacker« (1892)

Der Tanz der Zuckerfee ist das wohl bekannteste Stück aus dem 1892 uraufgeführten Ballett »Der Nussknacker« von Pjotr Iljitsch Tschaikowski. Die Szene bildet den Höhepunkt einer traumhaften Geschichte. Nachdem der Nussknacker durch Clara von einem Fluch befreit wurde und sich in einen Prinzen verwandelt hat, bringt er sie ins Land der Süßigkeiten. Im Zauberpalast von Konfitürenburg führt er sie in einen großen Saal, in dessen Mitte ein Thron aus Honigwaben steht. Von dort aus sieht Clara einem Spektakel zu, dass der Prinz für sie arrangiert hat. Schokolade aus Spanien, Kaffee aus Arabien, Tee aus China und Zuckerstangen aus Russland tanzen herum. Marzipantänzerinnen drehen sich beim Tanz der Rohrflöten. Kandierte Blumen wiegen sich beim Walzer. Der letzte Tanz gehört der Zuckerfee. Federleicht dreht sie sich, als stünde sie auf der Spitze einer Spieluhr. Clara wünscht sich, dieses Abenteuer würde nie enden. Viel zu schnell ist die Vorstellung vorüber und sie muss nach Hause. Als sie am nächsten Morgen erwacht, hält sie den Nussknacker im Arm, der wieder zu einem Spielzeug geworden ist. Lauren Cuthbertson verkörpert besonders eindrucksvoll den zauberhaften und süßen Charakter der Zuckerfee durch ihre federleichte und anmutige Bewegung, die weiche und elegante Haltung der Arme und eine gewisse Verspieltheit und Freude in ihrem Gesichtsausdruck.

Eine weite Reise liegt hinter uns, die sich nun dem Ende zuneigt. Zeit, um innezuhalten und zurückzuschauen. Was bleibt uns von diesem Abenteuer?

Der gute Mensch von Sezuan

Unser Weg begann mit der Erkenntnis, dass Alles aus Nichts ist. All die uns umgebenden materiellen Gegenstände, erwiesen sich als nicht gegenständliche Materie. In diesem Zusammenhang erlebten wir die erste Pattsituation. Wir konnten nicht klären, ob unsere Wirkchen Eigenschaften sind ohne etwas, das diese hat, oder Eigenschaften von etwas, das uns prinzipiell nicht zugänglich ist. Als nächstes begegneten uns die Wölfe. Diese teilten sich in die zwei großen Rudel der Materialisten und der Idealisten sowie in das kleinere der Dualisten. Keines der Rudel konnte einen Sieg erringen bei der Erklärung, in welchem Verhältnis Geist und Materie zueinander stehen. Auch zwischen ihnen besteht ein Patt. Ähnlich sah es bei der Gretchenfrage aus. Weder die Vertreter des reinen Diesseits noch die des Jenseits konnten sich durchsetzen. Später dann blieb unklar, ob wir in einem endlichen oder unendlichen Universum leben. Genauso wie, ob »nichts Seiendes« das Sein oder das Nichts ist. Es ließ sich noch nicht einmal sagen, inwieweit das Universum wirklich existiert, wenn niemand da ist.

Allerdings trafen wir auch auf das Block-Maxiversum. Dort lösten sich auf wundersame Weise Widersprüche auf. Materie und Geist fügten sich zu einem schlüssigen Gesamtbild zusammen. Es ergab sich eine Weltanschauung von symmetrischer Gestalt, die versöhnliche Antworten auf die großen Fragen des Menschseins lieferte. Der kleine Haken war bloß, dass wir nicht die geringste Ahnung haben, ob wir in einem Block-Maxiversum leben. Zwar haben wir gesehen, dass es ein ernstzunehmendes Szenario ist, aber es gibt keinerlei Hinweise, die wirklich dafür oder dagegen sprechen.

Ist unser Leben und unsere Welt also ein prinzipielles Schach-Patt? Es sieht ganz so aus. Und dieses Patt setzt sich bis in unseren Alltag fort. Etwa wenn es um die Spannung geht zwischen »gut zu sein und doch zu leben«. In dem Theaterstück »Der gute Mensch von Sezuan« merken selbst die Götter, dass dies in dieser Welt einen Gegensatz bildet. Inwieweit dieser auflösbar ist, überlässt Bühnenautor Bertolt Brecht dem Zuschauer und endet mit den Worten: »Wir stehen selbst enttäuscht und sehn betroffen den Vorhang zu und alle Fragen offen.«[83]

Tja, so stehen wir jetzt also da. Allerdings … bei genauer Betrachtung ist unsere Situation gar nicht so bedrückend. Stellen Sie sich einmal ein Leben in einer Welt vor, in der es auf alle Fragen abschließende Antworten gäbe. Klingt wie ein Kunstwerk mit einem Beipackzettel, auf dem detailliert die einzig richtige Interpretation gleich mitgeliefert wird. Da merkt man schnell, dass der Reiz unseres Seins gerade darin besteht, dass eben nicht alles klar ist.

Nur hat dieser Reiz seinen Preis. Wir leben in einer Welt, die uns wenig Anhaltspunkte gibt, um sich zu orientieren. Wonach kann man sein Leben ausrichten, wenn alles so unklar ist? Offenbar ist es notwendig, dass wir uns *selbst* Orientierung geben. Aber wie macht man das? Nun, es kann helfen, wenn man ein Ziel vor Augen hat. Und was könnte das sein? Das Ziel, das sich hier anbietet, ist Sinn. »Wie gebe ich meinem Leben Sinn?« hatten wir ja bereits mit »Indem ich erlebe« beantwortet. Und mit dieser Orientierung lässt sich die Frage: »Wonach richtet man sein Leben aus?«, konkreter stellen: »Wie *bereichern* wir das *Erleben* unserer Welt?«

Die Schokolade

Schokolade ist der Sinn des Lebens! Ach, wirklich … Zumindest benutzen Philosophen sie gerne als Metapher dafür. Warum? Na, wegen ihres Geschmacks natürlich. Zugegeben, das klingt erst einmal ziemlich lapidar. Aber machen wir uns den Spaß, folgen den Philosophen und verstehen das Geschmackserlebnis von Schokolade als Sinnbild eines Erlebens unserer Welt. Dann heißt unsere Frage: »Wie bereichere ich das Geschmackserlebnis von Schokolade?«

Soweit, so klar. Doch ganz so einfach ist es nicht. Wir befinden uns nämlich nicht im Land der Süßigkeiten. Dies war die Traumwelt eines Kindes. Dort waren alle Dinge von sich aus gut, schön und lecker. Wir hingegen leben in einer Welt, in der nichts von vorne herein gut oder schlecht, schön oder hässlich, angenehm oder unangenehm ist. Sie besteht aus Wirkchen, aus denen wir durch das Geben von Bedeutung erst eine Wirklichkeit selbst erschaffen. Bevor wir also überhaupt fragen können: »Wie bereichere ich das Erleben unserer Welt?«, stellt sich vorher die Frage: »Wie erschaffe ich eine Welt, die reichhaltige Erlebnisse bietet?«

Also, gut. Dann schauen wir uns als erstes an, wie wir Schokolade erschaffen, die uns so reichhaltige Geschmackserlebnisse bietet. Seit je her sind wir Menschen unserer Welt begegnet, haben dabei Erkenntnisse gesammelt und diese von Generation zu Generation weitergegeben und weiterentwickelt. Dadurch haben wir unser Wissen über die Welt *fundiert*. Zu diesem gehört ein Teilwissen über wohlschmeckende Dinge. Dieses haben wir *kultiviert*, und so kam irgendwann Schokolade in unsere Welt. Offenbar spielen also Fundieren und Kultivieren von Wissen die entscheidende Rolle beim Erschaffen einer Welt, die reichhaltige Erlebnisse bietet.

Jetzt, nachdem die Schokolade erschaffen ist, können wir als nächstes fragen, wie man ihr Geschmackserlebnis bereichert. Das ist einfach. Her mit dem Zeug! … wobei … von wegen. Eigentlich hat es diese Aufgabe in sich. Erinnern wir uns an die Redensart: »Jedes Ding hat zwei Seiten.« Wenn Sie Ihr süßes Erlebnis vergrößern wollen, kommen Sie nicht umhin, ständig verschiedene *Gründe* gegeneinander abzuwägen. So ist es beispielsweise sicher gut, wenn Sie nicht zu viel Schokolade essen. Vermutlich wollen Sie ja, dass Ihnen nicht schlecht wird, dass Sie nicht zunehmen und dass Sie alt werden. Dann aber ist zu entscheiden, wann Sie sich das Geschmackserlebnis gönnen wollen. Sofort oder doch lieber später. Auf einmal oder in kleinen Portionen. Vielleicht lässt sich der Genuss noch vergrößern, wenn man ihn mit anderen Erlebnissen kombiniert. Außerdem kann es sein, dass ein mit einem Mitmenschen geteiltes Stück Schokolade zwar weniger Geschmack, aber mehr Erlebnis bringt. Es gibt – wie sollte es in unserer Welt auch anders sein – keine allgemeingültigen Antworten, wie man das Geschmackserlebnis von Schokolade am besten bereichert. Wir können nur verschiedene Möglichkeiten ausprobieren. Damit *fundieren* und *kultivieren* wir unser Wissen weiter. Offenbar spielt das Fundieren und Kultivieren von Wissen auch die entscheidende Rolle beim Bereichern des Geschmackserlebnisses.

Soweit, so gut. Und jetzt kommt's: Auf die beschriebene Weise geben wir unserem Leben mit etwas Orientierung, das wir eigentlich gar nicht kennen. Wir können nämlich nicht sagen, was Schokolade wirklich ist. Ok, sie besteht aus Wirkchen. Aber die sind eine Art Nichts. Wir können noch nicht einmal sagen, ob Schokolade aus Geist oder aus Materie besteht (Schokolade aus Geist … schon klar). Auch haben wir sie selbst zu etwas Seiendem gemacht, indem wir sie anhand geschmacklicher Eigenschaften definiert haben (Geist gibt es offenbar in verschiedenen Geschmacksrichtungen). Was also ist Schokolade wirklich? Darauf werden wir in einer von Pattsituationen geprägten Welt keine abschließende Antwort finden. *Das einzig wirklich reale an Schokolade ist ihr Geschmack.* Somit bleibt unser fundiertes und kultiviertes Wissen letztlich immer ein *Unwissen.*

Fassen wir also unsere metaphorischen Gedanken zusammen: Wir können unserem Leben Orientierung geben, indem wir es mit Schokolade bereichern. Dazu fundieren und kultivieren wir unser Wissen über Schokolade, das dabei eigentlich ein Unwissen bleibt. Offenbar ist das mit der Schokolade doch nicht so lapidar.

Wir werden uns nun zum Schluss einzelne Beispiele anschauen, wie wir in dieser von Pattsituationen geprägten Welt Orientierung gewinnen, indem wir unser Erleben bereichern *durch fundiertes und kultiviertes Unwissen.*

Die Kesselflicker

Dem Berufsstand der Kesselflicker wird eine besonders unsanfte Streitkultur nachgesagt. Und das, obwohl es zu ihrer Zeit noch gar keine Social Media gab. Im Gegensatz dazu diskutieren Wissenschaftler zwar leidenschaftlich, aber zumeist läuft die Auseinandersetzung kultiviert ab. Wie schaffen sie das?

Wissenschaftlern ist in aller Regel klar, dass es Wahrheit bloß als Wahrscheinlichkeit gibt. Sie wissen, dass all ihr Wissen ein Unwissen ist. Aber nicht nur das. Mindestens genauso wichtig ist ihr Wissen, dass nur Falschheit sicher bewiesen werden kann. So ähnlich wie in der Kriminologie. Sie brauchen viele Indizien, um zu zeigen, dass jemand wahrscheinlich der Täter *ist.*[84] Ein einziges stichhaltiges Alibi hingegen zeigt, dass er es sicher nicht ist. Wenn man das nun verinnerlicht, kann man in jeder Diskussion nur noch gewinnen. Entweder der eigene Standpunkt setzt sich durch, wodurch dessen Wahrheit wahrscheinlicher wird. Oder er erweist sich als falsch. Darüber haben wir dann sogar gesichertes Wissen. Und so lässt sich ein neuer und fundierterer Standpunkt ableiten, dessen Richtigkeit wahrscheinlicher ist. In jedem Fall wird unser Unwissen also fundierter. Nach dem Motto »Wir irren uns empor«[85] kommen wir so der Wahrheit langsam näher.

Interessant wird es nun, wenn wir aus dieser Erkenntnistheorie eine Lebensphilosophie machen. Unser gesamtes Leben besteht darin, dass wir uns von den Dingen ein Bild machen. Da wir dies alle tun, entstehen viele verschiedene Bilder. Dementsprechend sind leidenschaftliche Auseinandersetzungen mit anderen Menschen wertvoll, denn natürlich suchen wir immer dasjenige Bild, das einem Ding am besten entspricht. Die verinnerlichte Erkenntnis, dass gerade auch der Irrtum zu einem besseren Bild führt, erleichtert uns nun den Umgang miteinander. Denn so wird jede Auseinandersetzung unabhängig von ihrem Ausgang zu einem Gewinn für alle Beteiligten. Und dieser Gewinn besteht in einer kultivierteren Diskussion und fundierterem (Un-) Wissen.

Was allerdings ist ein »besseres« Bild? Besser für was? Ziel ist natürlich, die einfachste und widerspruchsfreiste Erklärung für die uns umgebenden Phänomene zu finden. Denn dann passt ein Bild mit dem zusammen, was wir sehen und erleben. Soweit, so gut. Nur ist die Sache mal wieder nicht ganz so einfach. Verschiedene Menschen sehen und erleben die Phänomene unterschiedlich. Sie bewerten sie anders. Nehmen Sie zum Beispiel unseren Willen. Wir erleben ihn als frei, wohingegen die meisten Wissenschaftler ihn als vorbestimmt ansehen. Individuelles Erlebnis und wissenschaftliche Erkenntnis passen hier nicht zusammen. Wenn wir uns an einer solchen Frage entzweien, steckt dahinter eine unterschiedliche Bewertung. Manchen Menschen ist es wichtiger, dass ihr Weltbild zu ihrem eigenen Erleben passt. Andere hingegen legen mehr Wert darauf, im Einklang mit wissenschaftlichen Experimenten zu stehen. Es ist die Frage von subjektiver oder objektiver Wahrheit.

Schon wieder eine Pattsituation? Letztlich wohl schon. Was also tun, wenn Astronomen auf Astrologen treffen? Und Numeriker auf Numerologen?[86] Normalerweise würde man sagen, am besten übers Wetter reden. Aber wenn Meteorologen auf Metaphysiker treffen, kann auch das schief gehen. Inhaltlich wird sich bei solchen Konstellationen selten ein Konsens einstellen. Zumindest aber kann man sich gegenseitig in Kenntnis setzen, wer welche Phänomene für bedeutsam hält und sich wie ein Bild davon macht. Auf diese Weise *kultivieren* wir das Erleben unseres menschlichen Miteinanders. Gleichzeitig gewinnen wir dadurch *fundiertere* Einblicke darüber, wie wir als Menschheit so ticken.

Die Wie-du-willst-Woche

Wir Menschen sind in unseren Weltanschauungen zumeist recht festgelegt. Manchmal passiert es zwar im Laufe eines Lebens, dass jemand sein Weltbild ändert. Aber sicherlich nicht jede Woche. Das ist ja auch klar. Ein Weltbild entsteht dadurch, dass wir uns orientieren. Wenn man es ändert, muss man sich komplett neu sortieren. Bedeutungen müssen neu vergeben und miteinander in Beziehung gesetzt werden. Erst dann ergeben sie wieder ein mehr oder minder schlüssiges Gesamtbild.

Dennoch, wenn Sie Ihr Erleben bereichern möchten, dann probieren Sie ruhig auch einmal eine andere Weltanschauung aus. Schauen Sie sich beispielsweise um und stellen Sie sich vor, dass alles aus Geist besteht. Ein andermal blicken Sie auf eine Welt in der festen Überzeugung, sie sei aus Materie. Erleben Sie dies so intensiv wie möglich. Seien Sie für einen Tag ein Idealist mit Haut und Haar. An einem anderen ein überzeugter Materialist. Und wie ist es, ein Dualist zu sein? Erinnern Sie sich auch an unseren pointillistischen Blick, an eine Welt aus Kunstkugeln, eine aus Wellen und eine aus Feldern. Machen Sie sich ab und zu klar, dass Sie das Seiende selbst erschaffen. Dann definieren Sie sich zum Spaß einmal etwas anderes. Ersparen Sie sich das Grübeln, ob Ihre Entscheidungen frei sind. Leben Sie einen Tag in dem festen Glauben, Ihr Wille sei nur von Ihnen bestimmt. Am nächsten schauen Sie sich dabei zu, wie Sie vorherbestimmt handeln. Nicht zu vergessen sind natürlich die Tage, an denen Sie überzeugter Anhänger einer Religion Ihrer Wahl werden. Gerade wenn Sie dies sonst nicht sind, versuchen Sie ernsthaft eine Verbindung zu Gott zu spüren. Ein andermal werden Sie dann zu einem eingefleischten Atheisten. Schieben Sie auch mal einen Tag des Block-Maxiversums ein und überlegen sich, dass sich das, was Sie machen, gerade sehr sehr weit entfernt von Ihnen wiederholt, und dass Vergangenheit, Gegenwart und Zukunft stetig da sind.

Die ein oder andere Wie-Du-willst-Woche kann uns völlig neue Zugänge zu unserer Welt eröffnen. Nämlich all jene, die wir bisher noch nicht gewählt haben. Gönnen Sie sich den Spaß. Am Ende wissen wir doch eh nicht, was wirklich Sache ist. Insofern kultivieren und fundieren Sie Ihr Unwissen ruhig auch auf diese Weise.

Der Erfinder

Die Geschichte »Der Erfinder« des Schweizer Schriftstellers Peter Bichsel aus dem Jahr 1971 beginnt mit den Worten: »Erfinder ist ein Beruf, den man nicht lernen kann.« Was für ein wunderbarer Auftakt. Er schickt uns geradewegs ins Ungewisse. Wie deuten Sie ihn? Als »Jeder kann Erfinder sein« oder als »Das können nur Genies«? Beides ist je nach Blickwinkel richtig und widerspricht sich gleichzeitig. Ja nicht nur das. Jede dieser Deutungen ist eine sich selbst erfüllende Prophezeiung. Aber schauen wir uns erst einmal an, was Erfinder eigentlich ausmacht.

Erfinder haben mit Wissenschaftlern etwas Wesentliches gemeinsam. Sie sind Entdecker. Sie beide untersuchen die Eigenschaften der Natur.

Allerdings mit unterschiedlichem Ziel. Denn während sich die Wissenschaftler fragen, wie die Natur funktioniert, überlegen sich Erfinder, wie man sich diese Funktionsweise zunutze machen kann. So entlocken Wissenschaftler zum Beispiel dem Wasser die Gesetze der Hydrodynamik. Sie fundieren damit unser (Un-)Wissen von Wasser. Erfinder hingegen kultivieren dieses. Sie erfinden das Schiff. Genauer gesagt, alle möglichen Arten, angefangen vom Einbaum über das Floß, das Ruderboot und verschiedenste Segelschiffe bis hin zur Motoryacht, dem Dampfer, dem Kreuzfahrtschiff usw. Und damit nicht genug. Sie erfinden auch das Wasserskifahren, das Boogie Boarding, das Surfen mit und ohne Segel, das Kitesurfen und das Wing Foiling etc. Durch diese schöpferischen Leistungen bereichern Erfinder unser Erleben von Wasser. Und nun schauen Sie sich einmal um. Dann sehen Sie, wie wir unsere gesamte Umwelt kultiviert haben. Machen Sie sich bewusst, wie sehr dadurch das Erleben unserer Welt bereichert wurde.

Jetzt sind Sie dran. Wenn Sie Ihr Erleben bereichern wollen, fügen auch Sie Ihrer Welt etwas hinzu. Man braucht schließlich keine besondere Ausbildung, um Erfinder zu sein. Einfach etwas Neues erfinden? »Das ist leichter gesagt als getan«, mögen manche nun vielleicht denken. Aber das ist eine Frage des Blickwinkels. Als Bichsels zurückgezogen lebender Protagonist das Fernsehen erfindet, geht er in die Stadt, um den Menschen seine »wichtige Erfindung« zu zeigen. Dort sieht er überrascht all die Dinge, die schon erfunden wurden. Zu denen gehört auch das Fernsehen. Und so geht er wieder zurück nach Hause und erfindet nur noch für sich selbst. Alle möglichen Dinge, die es schon gibt. Auch Sie können alles Mögliche erfinden. Dadurch kultivieren Sie Ihre ganz persönliche Umgebung. Es ist dabei weder von Bedeutung, dass Ihre Erfindungen »wichtig« sind, noch ob Sie als Erster auf die Idee kommen. Es geht nur um das Ergebnis *für Sie*. Oder sollten wir statt Ergebnis gleich Erlebnis sagen?

Was wir zum Erfinden brauchen, ist unsere menschliche Fähigkeit zu Kreativität. Die ist seit einiger Zeit in aller Munde. Wie wir kreativ werden, scheint allerdings ein Mythos zu sein. Warum? Weil man Kreativität nicht machen kann. Man kann lediglich Bedingungen herstellen, in denen Kreativität vermehrt entsteht. Fundieren Sie also Ihr (Un-)Wissen über Umstände, die Ihren Einfallsreichtum beflügeln. Umgeben Sie sich zum Beispiel mit Problemen! Wie bitte? Ja, Probleme sind ein absoluter Kreativitätsbooster, wenn man sie richtig versteht. Wie viele Erfindungen sind dadurch entstanden, dass sich Menschen mit etwas Unerwünschtem nicht abfinden wollten. Die Auseinandersetzung mit dem Problem fundiert unser Unwissen, die Lösung kultiviert es. Kreativitätsforscher haben deshalb den Satz geprägt: »Hurra, ein Problem.«

Wir wissen doch alle, irgendetwas passt immer nicht. Genau das kann eine Steilvorlage für die nächste Idee sein. Und diese bereichert das Erleben. Klar, vielleicht muss man ein bisschen tüfteln, bis alles passt. Auch mag einem das manchmal schwer vorkommen. Aber danach blickt man zurück und sagt: »Danke, Problem.« Und so endet Peter Bichsels Geschichte mit dem Satz: »Doch er blieb sein Leben lang ein richtiger Erfinder, denn auch Sachen, die es gibt, zu erfinden, ist schwer, und nur Erfinder können es.«

Die Kunst ohne Wunst

»Kunst kommt von Können und nicht von Wollen. Sonst hieße es ja Wunst«, so lautet ein alter Kalauer unter Künstlern. Gemeint ist, dass übermäßiges Wollen der Kreativität in der Kunst oft nicht guttut.

Die Behauptung, dass Kunst von Können komme, ist schon Jahrhunderte alt.[87] Heute ist sie nur noch eine humorvolle Redensart. Zwar hört man sie gelegentlich noch von konservativen Kritikern und notorischen Skeptikern, wenn sie sich zu neuen Entwicklungen in der Kunst äußern. Aber eigentlich ist klar, dass Können nicht der Wesenskern von Kunst sein kann. Das Können ist ja gerade das, was sie mit beinahe jeder Disziplin gemeinsam hat. Insbesondere auch mit dem Sport. Was aber ist dann der Wesenskern von Kunst?

Das man Kunst nicht definieren kann, hat sich ja mittlerweile herumgesprochen. Dies an sich ist bereits ein zentrales Wesensmerkmal. Sie ist das Seiende, das man nicht definieren kann, weil es sich selbst ständig neu definiert. Sie führt uns damit vor Augen, was uns Menschen ausmacht. Wir sind es, die die Dinge in ihr Sein bringen, indem wir Eigenschaften Bedeutung geben. In der Kunst wird dieses Spiel neu gespielt. Es werden

Eigenschaften in neue Kontexte gestellt und ihnen dabei neue Bedeutungen zugewiesen. Daraus entsteht neues Seiendes.

Denken Sie an das Ready Made von Marcel Duchamps. Das Vorderrad eines Fahrrades bekam eine völlig neue Bedeutung. Dadurch, dass Duchamps es in einer Galerie ausstellte, wurde es ein Kunstwerk. Das gleiche findet man in der Musik, etwa wenn Gegenstände als Musikinstrumente zweckentfremdet werden. Oder auch, wenn Komponisten bewusst Klänge verwenden, die es zuvor zu vermeiden galt. Beispiele sind nicht nur Mozarts »verbotene« Stimmführung in parallelen Quinten oder die Zwölftonmusik, die uns unsere vertrauten Harmonien vorenthält. Denken Sie auch an das lästige Knistern von Schallplatten. Kaum hatte uns die Erfindung der CD davon erlöst, kamen Musikproduzenten auf die Idee, es bei Lounge- und R&B-Musik als Stilmittel zu verwenden. Was heute als schlecht klingend gilt, kann morgen schon ästhetisches Prinzip sein.

Künstler haben mit Wissenschaftlern und Erfindern vieles gemeinsam, weshalb es kein Wunder ist, dass im Laufe der Geschichte viele von ihnen zweierlei oder sogar alles drei in einer Person waren.[88] Sie alle fundieren und kultivieren unser (Un-) Wissen und dies sowohl durch Entdecken als auch durch Erschaffen. Alle drei geben Eigenschaften Bedeutung, wodurch Seiendes entsteht, das dann zu Erleben führt.

Gleichwohl gibt es einen wichtigen Unterschied. Wissenschaftler und Erfinder müssen den Bedingungen genügen, die die Natur an sie stellt. Sie folgen einer äußeren Logik. Ein Kunstwerk hingegen muss den Bedingungen genügen, die es selber an sich stellt. Es folgt also einer inneren Logik. Somit ist ein Kunstwerk wie die Schöpfung eines eigenständigen kleinen Kosmos. Das ist wohl der Grund, warum manche sagen, dass einem Kunstwerk etwas Göttliches innewohnt.

Dabei ist Kunst ein Spiel mit Bedeutung, das sowohl vom Künstler als auch vom Rezipienten gespielt wird. Wir dürfen folglich nicht nur, wir sollten ein Kunstwerk ganz individuell persönlich rezipieren und interpretieren. Genau das gilt auch für das Kunstwerk unserer Welt, zu dem wir selbst gehören.

Wir sind angetreten mit dem Gedanken, dass Kunst, Naturwissenschaft und Philosophie drei Seiten derselben Medaille sind. Und tatsächlich sahen wir, wie Künstler, Forscher und Denker gemeinsam aus verschiedener Perspektive auf unsere Welt blicken, um Antworten auf deren Grundfragen zu finden. Sie alle betrachten Mensch und Kosmos, indem sie deren Phänomene mit Bildern[89] erklären. Sie gelangen zu ihrer Weltanschauung, indem sie sich buchstäblich ein Bild von der Welt machen. Dabei beanspruchen die Bilder selbst keine Wahrheit. Aber sie bilden den Schlüssel, um mit unserem menschlichen Geist einer Wahrheit über unsere Welt näher zu kommen.

Der Schein und das Sein

Erinnern Sie Sich an den Beginn unserer Reise? Dort hatten wir einerseits angekündigt:

Nichts ist, wie es scheint.

Tatsächlich hat sich dies immer wieder bestätigt. Von unserer Materie, die aus einer Art Nichts besteht, über das großer Rätsel des Bewusstseins, dem Ich, dass wir nicht von Innen- und Außenwelt abgrenzen konnten, der durch uns selbst erschaffenen Wirklichkeit, bis hin zu Einsteins Block-Universum, in dem Vergangenheit, Gegenwart und Zukunft ewig und zeitlos existieren. All dies und vieles andere erwies sich bei genauer Betrachtung nicht als das, wonach es zunächst aussah. Selbst bei der Schokolade trügte der Schein. So hieß es: »Wir können eigentlich gar nicht sagen, was Schokolade wirklich ist.« Andererseits aber hatten wir anfangs angekündigt:

Alles ist, wie es ist.

Dies hat sich ebenfalls immer wieder als richtig erwiesen. Unser Erleben zeigte sich als die einzige Wirklichkeit, die es gibt. Auch das sah man an der Schokolade. Wir sagten: »Das einzig wirklich *reale* an Schokolade ist der Geschmack.«

Somit blicken wir auf zwei gegensätzliche Voraussagen zurück, die sich beide im Verlauf unserer Reise erfüllt haben. Das ist bemerkenswert. Und damit nicht genug. Erinnern wir uns an das Ende des Rosenkapitels. Die eigentlich tautologisch inhaltsleere Beschreibung »Ich bin, der ich bin« zeigte sich dort als die wirkliche Identität eines jeden Einzelnen von uns. Gehen wir dem zum Schluss noch einmal nach. Was ist dieses »Ich« und dieses »bin«? Ich und Sein sind hier das Gleiche: Das Erleben.

Klingt kompliziert, ist aber eigentlich ganz leicht. Wenn wir nichts erleben würden, noch nicht einmal uns selbst, gäbe es kein Ich. Das Erleben bringt unser Ich ins Sein. Für einen Jemand – sprich, für ein bewusstes Wesen – gilt also: *Ich, Sein, Erleben und Sinn sind ein und dasselbe.* Wenn Sie dies nun mit der Schokoladen-Erkenntnis zusammenbringen, dass unser Erleben die einzige Realität ist, so bleibt:

Ich = Sein = Sinn = Erleben = Realität

Dieses Ergebnis ist ebenfalls bemerkenswert. Was all das bedeutet, erschließt sich vielleicht jedem anders. Lassen Sie es ruhig eine Zeitlang in Ihren grauen Zellen mäandern. Wenn Sie dabei das Gefühl beschleicht, wir wären im Kreis gelaufen, stimmt dies in gewisser Weise. Es ist wie bei jeder Reise. Wenn man zurückkommt, steht man wieder dort, von wo aus man gestartet ist. Und doch ist es anders, als wenn man nicht gereist wäre. Wir haben den Schleier der Welt natürlich nicht wirklich gelüftet. Aber wir konnten sehen, wie sie es anstellt, dass sie sich uns nur zum Teil zu erkennen gibt. Durch diesen Schleier schenkt die Welt unserem Leben seinen Reiz. Und Reiz ist – *wie bei jedem Kunstwerk* – das, was wir manchmal ganz reizend finden, und was uns ein andermal gereizt macht. Darum haben wir die Welt wie ein Kunstwerk betrachtet. Um es mit den Worten des Philosophen Hans-Georg Gadamer zu sagen: »Kunst ist Teil der ständigen Auseinandersetzung der Menschheit mit sich selbst.« Wenn wir unsere Welt als Kunstwerk betrachten, beziehen wir sie in diese reizvolle Auseinandersetzung mit ein.

Und nun nehmen wir uns ein Stück Schokolade, lehnen uns zurück, trinken einen abschließenden Schluck Tee und genießen unser Menschsein, unsere Welt und unser fundiertes und kultiviertes Unwissen.

Mus. 15: Hymn of Existence

Die Krise als Chance 危机

Zum Schluss ein persönliches Nachwort. Steve Jobs, der Erfinder des Computers, auf dem ich gerade diese Zeilen schreibe, sagte einmal, dass die Punkte oft erst im Nachhinein ein Bild ergeben. Dies bestätigt sich in diesem Buch. Es entstand aus einer Lebenssituation heraus, aufgrund derer sich verschiedene Stationen meiner Biografie auf wundersame Weise zusammenfügten und neuen Sinn ergaben.

Vor einiger Zeit bekam ich als Pianist einen herben Dämpfer durch eine typische Musikerkrankheit. Sie ist neurophysiologischen Ursprungs und von der Medizin noch nicht hinlänglich erforscht. Dementsprechend gibt es kein Medikament, keine Physiotherapie und keine Operation für eine Heilung. Das Einzige, was man mit viel Aufwand und offenem Ausgang probieren kann, nennt sich »Retraining«. Das ist leider keine lockere Gymnastik bei hippen Beats mit netten Leuten in bunten Outfits. Hinter diesem gefälligen Wort stecken zahllose Stunden stupider und unangenehmer Übungen für die Feinmotorik der Finger. Und das über Jahre hinweg. Um mir die Monotonie dieses Retrainings angenehmer zu machen, begann ich, nebenbei zu lesen und Lehrvideos anzuschauen. So habe ich mir die Zeit mit Themen versüßt, die mich schon mein ganzes Leben lang begleitet hatten.

Das erste ist die Philosophie. Philosophische Gedanken hatte ich schon in früher Kindheit. Noch bevor ich in die Schule ging, kam mir einmal etwas in den Sinn, das jetzt wie ein Kerngedanke dieses Buches auf mich wirkt. »Der liebe Gott, das bin ich selbst.« Oh nein, dies war und ist keineswegs unbescheiden gemeint. Natürlich gilt dies auch für Sie und jeden Menschen, egal ob Kind oder Erwachsener. In der Grundschule stritt ich dann mit meiner Religionslehrerin, da ich der Meinung war, der Papst sei ein normaler Mensch. Später in der fünften Klasse nannte mich mein Mathematiklehrer »kleiner Philosoph«, da ich die Dinge manchmal wohl etwas zu global betrachtete.

Und damit sind wir schon beim zweiten Thema, der Physik. Dazu kam ich erst über einen Umweg. In meinem ersten Studium waren Mathematik und Sport die Fächer, da ein Physikstudium in dieser Kombination nicht möglich war. Eigentlich fand ich es immer schon spannender, was Materie ist und wie der Kosmos funktioniert, als ob eine mathematische Zahlenfolge konvergiert. Auch fiel es mir schwer, so zu denken, wie es die Professoren der mathematischen Fakultät von mir erwarteten. Wenn ich zu Lösungen kam, waren die Denkwege zumeist ungewöhnlich. Darüber amüsierten sich meine Kommilitonen und sprachen irgendwann von der »Bonner Lösung«, was auf meine Herkunft anspielte. Und so habe ich mich nach dem Studium lieber mit Physik beschäftigt. Dafür war natürlich die Mathematik eine gute Grundlage.

Meine weiteren Studien waren Klavier und Musikwissenschaft. Über viele Jahre gab ich Konzerte. Und je tiefer ich in die Musikwissenschaft einstieg, desto mehr Raum nahmen Moderationen ein.

Letztlich kam nun alles zusammen. Wegen des offenen Ausgangs des Retrainings wollte ich mich musikalisch neu erfinden. Ein »Weiter so wie bisher« war unrealistisch. Daher beschloss ich ein Format zu entwickeln, bestehend aus selbstgeschriebener Klaviermusik mit Moderationen, passend zu den Themen, die mich so lange beschäftigt haben. Um für mich dabei künstlerisch neue Wege zu entdecken, habe ich diese Kombination aus Buch und Musik geschaffen, auf das sich das Literarische und das Klangliche gegenseitig befruchten.

Steve Jobs hat Recht. Die Punkte ergeben oft erst im Nachhinein ein Bild. Und so blicke ich heute auf dieses Buch, die Musik und die kommenden Konzerte.

Danksagung

Mein ganz herzlicher Dank geht an alle, die mich bei dieser Arbeit unterstützt haben. Sei es durch motivierenden Beistand, durch Kompetenz, durch Inspiration oder Weisheit. Ich bin glücklich und dankbar, so tolle Menschen zu kennen, wie z.B. Jennifer & Amaia Kissenbeck, Annette Kissenbeck, Dr. Frauke Jung-Lindemann, Prof. DDDr. Wolfgang Mastnak, Prof. Dr. Wolfram Weise, Prof. Dr. Ulrich Kaiser, Prof. Dr. Friedrich Geiger, Dr. Florian Bingold, Prof. Dr. Christian Holler, Camilo Dornier, Dr. Joseph Gassner, Prof. Wolfram Winkel, Tom Peschel, David Schoch, Herbert Schäfer, Karl-Josef Sittig, Prof. h.c. Martin Zenker, Knud Mensing, Tom Hopfinger, Ingrid Walther, Laurent Boullet, Dr. Christine Zimmermann, Prof. Dr. Karl-Friedrich Herb, Prof. Steffen Schorn, Prof. Rainer Böhm, Prof. Peter Gall.

Quellen

Literatur

Adams, Douglas: *Per Anhalter durch die Galaxis.* Sammelausgabe. Berlin 1995

Alexander, Eben: *Proof of Heaven: A Neurosurgeon's Journey into the Afterlife.* New York 2012

Ash, Arvin: *Arvin Ash* (YouTube Kanal)

Bichsel, Peter: *Der Erfinder.* Berlin 1961

Brecht, Bertolt: *Der gute Mensch von Sezuan.* Berlin 1953

Brun-Cosme, Nadine/Tallec, Olivier: *Großer Wolf & kleiner Wolf. Vom Glück, zu zweit zu sein.* Hildesheim 2012

Carroll, Sean: *Mindscape.* (YouTube Kanal)

Carroll, Sean: *Something Deeply Hidden Quantum Worlds and the Emergence of Spacetime.* New York 2019

Chalmers, David: *The Conscious Mind. In Search of a Fundamental Theory.* Oxford 1996

Cliff, Harry: *Beyond the Higgs. What's Next for the LHC?* Royal Institution. www.harrycliff.co.uk 2018

Davies, Paul/Gregersen, Niels Henrik: *Information and the Nature of Reality. From Physics to Metaphysics.* Cambridge 2010

Davies, Paul: *Der Plan Gottes. Die Rätsel, unsere Existenz und die Wissenschaft.* Frankfurt am Main 1995

Dennett, Daniel: *From Bacteria to Bach and Back. The Evolution of Minds.* New York 2017

Descartes, René: *Meditationes de Prima Philosophia.* Amsterdam 1641

Deutsch, David: *The Fabric of Reality.* London 1997

Dewey, John: *Kunst als Erfahrung.* Frankfurt am Main 1995

Diergarten, Felix/Neuwirth, Markus: *Formenlehre.* Lilienthal 2020

Dürr, Hans-Peter: *Geist, Kosmos und Physik: Gedanken über die Einheit des Lebens.* Amerang 2010

Eckhart, Lisa: *Metrische Taktlosigkeiten.* Wien 2017

Eggebrecht, Hans-Heinrich: *Musik im Abendland.* München 2002

Ellis, George F. R.: *Before the Beginning. Our Universe and Others.* New York 1993

Ende, Michael: *Die Unendliche Geschichte.* Stuttgart 1979

Feynman, Richard: *Vom Wesen physikalischer Gesetze.* München 1965

Fridman, Lex: *Lex Fridman Podcast.* (YouTube Kanal)

Frost, Robert: *The Road Not Taken. A Collection of Poems.* Chehalis 2010

Gadamer, Hans-Georg: *Wahrheit und Methode.* Tübingen 1960

Gaßner, Josef/Müller, Jörn: *Können wir die Welt verstehen. Von Aristoteles zur Stringtheorie.* München 2014

Gaßner, Joseph: *Von Aristoteles zur Stringtheorie.* (YouTube Kanal)

Goethe, Johann Wolfgang von: *West-östlicher Divan.* Stuttgart 1819

Goethe, Johann Wolfgang von: *Faust. Eine Tragödie.* Frankfurt am Main 1999

Goldstein, Rebecca: *Incompleteness. The Proof and Paradox of Kurt Gödel.* New York 2005

Goodman, Nelson: *Sprachen der Kunst. Entwurf einer Symboltheorie.* Frankfurt am Main 1995

Greene, Brian: *Das elegante Universum. Superstrings, verborgene Dimensionen und die Suche nach der Weltformel.* München 2006

Guth, Alan: *Die Geburt des Kosmos aus dem Nichts. Die Theorie des inflationären Universums.* München 2002

Hameroff, Stuart/Penrose, Roger: *Shadows of the Mind. A Search for the Missing Science of Consciousness.* Oxford 1994

Hanswille, Reinert/Kissenbeck, Annette: *Systemische Traumatherapie.* Heidelberg 2008

Harris, Sam: *Free Will.* New York 2012

Hart, David Bentley: *The Experience of God: Being, Consciousness, Bliss.* New Haven 2013

Hawking, Stephen: *Eine kurze Geschichte der Zeit.* Hamburg 1988

Hofstadter, Douglas: *Gödel, Escher, Bach. An Eternal Golden Braid.* New York 1979

Holt, Jim: *Gibt es Alles oder Nichts?* Hamburg 2014

Heidegger, Martin: *Zeit und Sein.* Halle 1941

Hesse, Hermann: *Siddartha.* Berlin 1922

Hesse, Hermann: *Steppenwolf.* Berlin 1974

Hoffman, Donald: *The Case Against Reality. Why Evolution Hid the Truth from Our Eyes.* New York 2019

Holm-Hadulla, Rainer: *Kreativität. Konzept und Lebensstil.* Göttingen 2010

Hossenfelder, Sabine: *Existential Physics: A Scientist's Guide to Life's Biggest Questions.* Oxford 2023

Hossenfelder, Sabine: *Science without the gobbledygook.* (YouTube Kanal)

Kaku, Michio: *Hyperspace: A Scientific Odyssey Through Parallel Universes, Time Warps, and the Tenth Dimension.* Oxford 1994

Kant, Immanuel: *Grundlegung zur Metaphysik der Sitten.* Königsberg 1785

Kastrup, Bernardo: *Why Materialism Is Baloney: How True Skeptics Know There Is No Death and Fathom Answers to Life, the Universe, and Everything.* Winchester 2014

Koch, Christof: *The Quest for Consciousness: A Neurobiological Approach.* Greenwood Village 2004

Kuhlmann, Meinard: *Sein oder Nichtsein? Felder, Teilchen, Tropen.* In: Physik Journal 15, Nr. 6, 2016

Kuhlmann, Meinard: *Quantenfeldtheorie. Was ist real?* In: Spektrum der Wissenschaft 7/2014

Kuhn, Robert Lawrence: *Closer To Truth.* (YouTube Kanal)

Leftow, Brian: *God and Necessity.* Oxford 2012

Leibniz, Gottfried Wilhelm: *Die Grundlagen des logischen Kalküls.* Leipzig 1686

Lesch, Harald: *Über Gott, den Urknall und den Anfang des Lebens.* München 2022

Lesch, Harald/Gaßner: *Urknall, Weltall und das Leben.* (YouTube Kanal)

Leslie, John/Kuhn, Robert Lawrence: *The Mystery of Existence. Why is there anything at all.* Chichester 2013

Lincoln, Don: *Fermilab.* (YouTube Kanal)

Lossau, Norbert: *Magische Schönheit.* In: Welt+ 07.08.2013

Lotz, J. B./Brugger, W.: *Allgemeine Metaphysik.* München 1967

Lucid, Nick: *The Science Asylum.* (YouTube Kanal)

Luhmann, Niklas: *Soziale Systeme. Grundriß einer allgemeinen Theorie.* Frankfurt am Main 1984

Luther, Martin: *Übersetzung der Bibel.* Stuttgart 1984

Macnamara, John: *The Logical Foundations of Cognition.* Oxford 1995

Morgenstern, Christian: *Galgenlieder.* Berlin 1905

Muller, Derek: *Veritasium.* (YouTube Kanal)

Musil, Robert: *Der Mann ohne Eigenschaften.* Berlin 1930–1933

Nagel, Thomas: *What It's Like to Be a Bat.* Cambridge 1979

O'Dowd, Matt: *PBS Space Time.* (YouTube Kanal)

Penrose, Roger: *Cycles of Time. An Extraordinary New View of the Universe.* New York 2012

Platon: *Die Apologie des Sokrates.* Göttingen 2018

Popper, Karl: *Die Logik der Forschung.* Wien 1934

Rees, Martin: *Just Six Numbers: The Deep Forces That Shape the Universe.* New York 1999

Rundle, Bede: *Why There Is Something Rather than Nothing.* New York 2004

Sanderson, Grant: *3Blue1Brown.* (YouTube Kanal)

Sartre, Jean-Paul: *Das Sein und das Nichts.* Hamburg 1994

Schechter, Elizabeth: *Self-Consciousness and ›Split‹ Brains. The Minds' I.* Oxford 2018

ScienceClic English (YouTube Kanal)

Shakespeare, William: *Hamlet.* Berlin 1786

Stein, Gertrude: *Tender Buttons. Objects, Food, Rooms: Collection of Poems in Verse and Prose.* New York 1914

Susskind, Leonard/Cabannes, Andre: *General Relativity.* New York 2023

Swinburne, Richard: *Gibt es einen Gott?* Frankfurt am Main 2006

Tegmark, Max: *Unser mathematisches Universum.* Berlin 2016

The Institute of Art and Ideas (YouTube Kanal)

The Royal Institution (YouTube Kanal)

Vollmer, Gerhard: *Wir irren uns empor: Warum wir neue Denkwege brauchen.* Stuttgart 1999

Warburton, Nigel: *The Libet Experiment: Is Free Will Just an Illusion?* www.bbc.co.uk 2012

Ward, Keith: *The Priority of the Mind: A Paradigm for Science, Philosophy, and Religion.* Oxford 2014

Weinberg, Steven: *Der Traum von der Einheit des Universums.* München 1993

Weidenmann, Bernd: *Handbuch der Kreativität.* Basel 2010

Weinstein, Eric: Eric Weinstein (YouTube Kanal)

Wittgenstein, Ludwig: *Tractatus Logico-Philosophicus.* London 1921

Wolfram, Stephen: *A New Kind of Science.* Champaign 2002

World Science Festival (YouTube Kanal)

Zeilinger, Anton: *Einsteins Spuk. Teleportation und weitere Mysterien der Quantenphysik.* München 2007

Musikstücke

1. **Eternal Cycle of Growth and Decay**
2. **Some Nothing, no Something**
3. **Introspection**
4. **Subjective and Objective Truth**
5. **Good Old Me**
6. **Reasons**
7. **Snows**
8. **The Yellow Theme**
9. **Tranquil Tautology**
10. **Aftermath of Afterlife**
11. **In Finity**
12. **Blessed Bliss from Broken Symmetry**
13. **Da Vacuum**
14. **Au Revoir Stefan**
15. **Hymn of Existence**

Komposition & Piano: Andreas Kissenbeck;
Analog Synthesizers & Digital Audio Production: David Schoch (bei Nr 2, 3, 7, 11 & 15);
Mix und Master: Tom Peschel Downhill Studio München

Abbildungen

1. https://www.reddit.com/r/MacStudio/comments/tancu5/the_supercomputer_deep_thought_the_hitchhikers/
2. https://de.wikipedia.org/wiki/Mandelbrot-Menge#/media/Datei:Mandel_zoom_11_satellite_double_spiral.jpg
3. https://de.wikipedia.org/wiki/Adlernebel#/media/Datei:Pillars_of_creation_2014_HST_WFC3-UVIS_full-res_denoised.jpg
4. https://de.wikipedia.org/wiki/Kleinsche_Flasche#/media/Datei:Acme_klein_bottle.jpg
5. https://rosewhitemusic.com/piano/2018/09/10/the-composition-of-4-33/
6. https://de.m.wikipedia.org/wiki/Datei:Georges_Seurat_-_Tour_Eiffel.jpg
7. https://www.galerie-kunststuecke-muenchen.de/?project_category=roundabout-kunstkugeln
8. Teilchenphysik. Unterrichtsmaterial ab Klasse 10. Hrsg: Joachim Herz Stiftung, S. 39
9. https://de.m.wikipedia.org/wiki/Datei:Katsushika_Hokusai_-_Thirty-Six_Views_of_Mount_Fuji-_The_Great_Wave_Off_the_Coast_of_Kanagawa_-_Google_Art_Project.jpg
10. https://www.sciencephoto.com/media/657319/view
11. https://www.spektrum.de/news/was-verraet-die-quantentheorie-ueber-die-realitaet/1592854

12. https://commons.wikimedia.org/wiki/File:Egon_Schiele_-_Felderlandschaft_(Kreuzberg_bei_Krumau)_-_1910.jpeg
13. https://commons.wikimedia.org/wiki/File:Martinique_Landscape_Paul_Gauguin,_1887.jpg
14. https://www.pinterest.de/pin/713328028483343771/
15. https://ronchini-bcmh.imgix.net/wp-content/uploads/2017/02/Berndnaut-Smilde-Nimbus-Atlas-2015-LIAN-Art-Space-Shanghai.jpg
16. https://pixabay.com/de/illustrations/matrix-code-rechner-pc-daten-356024/
17. https://www.braunschweiger-zeitung.de/kultur/article234614333/Wolfsburgs-Dreigroschenoper-laesst-Lustgesellschaft-platzen.html
18. https://anthrowiki.at/Raumkrümmung
19. https://commons.wikimedia.org/wiki/File:Knit_1.jpg
20. https://www.schmitzjunior.de/wp-content/uploads/2011/07/IMG_0505.jpg
21. »The Wolf of Wall Street« (2013), DVD, Regisseur: Martin Scorsese, Universal Pictures Germany GmbH
22. »Der mit dem Wolf tanzt« (1990), DVD, Regisseur: Kevin Costner, Alive AG
23. https://www.suhrkamp.de/buch/hermann-hesse-der-steppenwolf-t-9783518366752
24. https://musescore.com/user/38423715/scores/6747509
25. Gedicht, Gertrude Stein: »Sacred Emily«
26. https://commons.wikimedia.org/wiki/File:Ich_denkmal.jpg
27. https://fr.wikipedia.org/wiki/Le_Sommeil_(Dalí)
28. Gedicht, Johann Wolfgang von Goethe: »Der Abschied«
29. https://de.m.wikipedia.org/wiki/Datei:Schickardmaschine.jpg
30. https://shakespeare.emory.edu/hamlet/
31. https://commons.wikimedia.org/wiki/File:Kaninchen_und_Ente.svg
32. https://www.pinterest.de/pin/833377106022898694/
33. https://www.pinterest.de/pin/475270566898761742/
34. https://www.tabularasamagazin.de/koons-bricht-rekorde/ (Galerie Kronsbein)
35. Gedicht, Robert Frost: »The Road Not Taken«
36. https://www.ernsthandl.de/galerie/freierwille, Tafelbild, 35x29 cm, 1982
37. https://www.behance.net/gallery/9425357/Pixomat-We-Love-8bit-Art-Show-Vienna?locale=de_DE
38. https://www.esslinger-zeitung.de/gallery.nicht-immer-steckt-zerstoerungswut-dahinter-wenn-wie-in-esslingen-kunstwerke-beschaedigt-werden-nicht-immer-sind-vandalen-am-werk.a5cffa25-be7b-4622-8e49-75764321ebba.html/id/92437180-9455-44e3-8e00-0596065b5286
39. https://www.mfa-film.de/kino/id/faust-2/
40. »Wer früher stirbt ist länger tot« (2006), DVD, Regie: Marcus H. Rosenmüller, Roxy Film GmbH & CO.KG, Bayerischer Rundfunk
41. »Wer's glaubt wird selig« (2013), DVD Regisseur: Marcus H. Rosenmüller, Constantin Film, Universal Pictures

42. Gedicht, Christian Morgenstern: »Die unmögliche Tatsache«
43. https://www.pinterest.de/pin/185914290858373503/
44. https://commons.wikimedia.org/wiki/File:Observable_sphere_for_3d.png
45. https://commons.wikimedia.org/wiki/File:Multiverse.png?uselang=de
46. Song, Tears for Fears »Schrodinger's Cat«
47. https://commons.wikimedia.org/wiki/File:Platonische_Koerper_im_Bagno.jpg
48. https://writings.stephenwolfram.com/2020/04/finally-we-may-have-a-path-to-the-fundamental-theory-of-physics-and-its-beautiful/
49. https://ar.pinterest.com/pin/112590677795184922/
50. https://ancientmesopotamia.org/settlements/babylon
51. https://en.wikipedia.org/wiki/Back_on_the_Block#/media/File:Quincy_Jones_-_Back_On_The_Block-front.jpg
52. https://www.beam-shop.de/media/image/8b/8c/83/9788026840565.jpg
53. Eigene Darstellung an Anlehnung an das ›Penrose-Dreieck‹ (https://de.wikipedia.org/wiki/Penrose-Dreieck)
54. https://kurier.at/chronik/oberoesterreich/der-nussknacker-aus-dem-royal-opera-house/400702503
55. https://en.wikipedia.org/wiki/File:DrawingHands.jpg

Endnoten

Alles, Nichts und Schokolade

1 Wir betrachten die Welt wie ein Kunstwerk, nicht um sie dadurch zu erklären. Dieser Versuchung sind im Laufe der Geschichte schon viele schlaue Köpfe erlegen. So setzte beispielsweise der Astronom Johannes Keppler (1571–1630) in seinem Buch *Harmonices Mundi* die Regeln der Planetenbahnen mit Strukturen der Musik in Beziehung. Aus den von ihm gefundenen Ähnlichkeiten folgerte er die Annahme, dass Planetenbahnen und Musik sich wechselseitig bedingten. Seine »Harmonie der Sphären« war eine aus der Antike stammende Vorstellung, dass die Himmelskörper eine Art göttlicher Musik erzeugen. Kepplers Ergebnisse wurden jedoch durch spätere astronomische Forschung widerlegt. Kunst hingegen kann nicht an der Empirie scheitern. Sie dient dazu, sich der Welt mit einer anderen Erlebnisqualität zu nähern.

2 Das Feld eines Stabmagneten ist achsensymmetrisch, die Gravitation eines Sterns punktsymmetrisch. In der Festkörperphysik tritt der Goldene Schnitt beispielsweise bei sogenannten Quasikristallen in Erscheinung. Gewisse Eigenschaften Schwarzer Löcher ergeben sich nur dann, wenn bestimmte physikalische Parameter im Verhältnis eines Goldene Schnittes stehen. Es gäbe unzählige weitere Beispiele.

3 Ein Beispiel dafür ist die Annahme einer hypothetischen Theorie namens Supersymmetrie, für die bisher noch kein experimenteller Nachweis erbracht werden konnte.

4 Die nach Benoît Mandelbrot benannte Menge besteht aus den komplexen Zahlen c, bei denen die iterative Vorschrift $z_n+1 = z_n^2+ c$ mit dem Startwert $z_0 = 0$ definierte Folge $z_0, z_1, z_2, z_3, \ldots$ endlich bleibt, d.h. beschränkt ist. Interpretiert man die Mandelbrot-Menge als geometrische Figur, so ergibt sie ein Fraktal. Das bedeutet, man kann beliebig weit in das Bild hineinzoomen und erhält immer wieder ähnliche, aber niemals gleiche Strukturen. Die Bilder berechnet man, indem man jedem Pixel eine komplexe Zahl zuordnet ($c = c_0 + a \cdot x + bi \cdot y$) und von $z_0 = 0$ aus

untersucht, ob und wann die Iterationen anfangen, rasant zu wachsen. Bleiben die Werte klein, wird das Pixel häufig schwarz gefärbt, kommt es zu einem rasanten Wachstum der Zahlenwerte, wird die Anzahl der dafür notwendigen Iterationen als Farbe kodiert.

5 Die Kleinsche Flasche wurde erstmals 1881 von dem deutschen Mathematiker Felix Klein beschrieben. Sie ist ein Beispiel einer nicht-orientierbaren Fläche. Auf der Kleinschen Fläche kann deshalb, so wie beim Möbiusband, kein stetiger Normalenvektor definiert werden. Im Gegensatz zum Möbiusband hat diese Fläche keinen Rand.

Vier Minuten dreiunddreißig

6 Eine berühmte Aufführung von John Cage's 4'33" finden Sie auf YouTube unter dem Suchwort »4'33" William Marx«, die Zuschauerreaktionen dazu unter dem Suchwort »4'33" Audience Reactions«.

7 Dieses Modell ist zwar nicht mehr ganz up to date. Da das Bild aber recht griffig ist, bleiben wir einmal für einen Moment dabei.

8 Wobei hier auch noch die sogenannte Van-der-Waals-Kräfte eine Rolle spielen. Dabei handelt es sich um relativ schwache Wechselwirkungen zwischen Atomen oder Molekülen. Van-der-Waals-Kräfte werden in der Chemie zu den schwachen chemischen Bindungen gezählt, obwohl diese eigentlich keine echten Bindungen, sondern Wechselwirkungen sind.

9 Fertig sind wir nämlich noch nicht ganz. Es gibt einen Zerfallsprozess bei dem ein Neutron in ein Proton, ein Elektron und ein so genanntes Neutrino zerfällt. Dieses muss wie das Neutron elektrisch neutral sein und wird daher Neutrino – also kleines Neutron – genannt. Klein deshalb, weil seine Masse etwa 500.000 mal kleiner ist als die des Elektrons (und letzteres hat schon knapp 2000 mal weniger Masse als Proton oder Neutron). Entsprechend schwer fiel es, die Existenz experimentell nachzuweisen. Man hat dieses »Geisterteilchen« aber tatsächlich gefunden. Also gut, dann eben vier Elementarteilchen. Aber man ahnt es schon, da kommt noch einiges mehr. Es gibt jedes dieser vier Elementarteilchen in drei Versionen, die man Generationen nennt. Der Unterschied besteht darin, dass die Generation 2 und 3 zunehmend mehr Masse haben. Und zwar wesentlich mehr. Außerdem sind sie instabil, sprich, sie zerfallen innerhalb kürzester Zeit. Deshalb spielen sie für die Zusammensetzung unserer Welt keine Rolle. Aber sie lassen sich in Teilchenbeschleunigern herstellen. Es ist ein ungeklärtes Rätsel, wozu uns die Natur diese weiteren Versionen beschert hat. Forscher sehen darin möglicherweise einen Hinweis

auf eine tieferliegende Struktur unseres Universums, die wir noch nicht verstehen. Damit sind wir bei insgesamt zwölf verschiedenen kleinen Kugeln angelangt.

10 Es gibt insgesamt vier Kräfte. Die eine ist der Elektromagnetismus. Dieser wirkt zwischen Elektronen und Protonen (gegenseitig anziehend und untereinander abstoßend) und ist damit für unsere ganze Chemie maßgebend. Das Austauschteilchen ist das Photon. Dies ist das Lichtteilchen. Die zweite Kraft nennt man die starke Kernkraft. Sie bindet die Quarks im Atomkern und Protonen mit Neutronen zusammen. Interessanterweise nimmt diese Kraft mit zunehmendem Abstand zu. Deshalb wird sie oft bei veranschaulichenden Grafiken als kleine Feder dargestellt. Das Austauschteilchen nennt man Gluon (engl. glue = Kleber). Dann gibt es als drittes noch die schwache Kernkraft. Sie ist u.a. für die radioaktive β-Umwandlung (»β-Zerfall«), die Umwandlung von Protonen in Neutronen bei der Kernfusion und für die Instabilität von Neutronen und Myonen verantwortlich und wird von zwei Teilchen übertragen, den so genannten W- und Z-Bosonen. Und was ist mit der vierten Kraft, der Gravitation? Laut Einstein ist Gravitation keine Kraft, sondern eine Krümmung des Raums. Trotzdem spekulieren Physiker über die Existenz eines Austauschteilchens, des Gravitons. Es wurde jedoch bisher nicht gefunden. Damit sind wir insgesamt bei zwölf Fermionen und vier Bosonen. Macht zusammen sechzehn Teilchen. 2012 wurde dann noch das berühmte Higgs-Teilchen gefunden. Dies hat etwas damit zu tun, dass Materieteilchen Masse aufweisen und Austauschteilchen (außer W- und Z-Boson) nicht. Und Masse führt zu Trägheit und Gravitation. Dies hat auch zur Folge, dass sich masselose Teilchen wie Photonen und Gluonen mit Lichtgeschwindigkeit bewegen und Materieteilchen nicht.

11 So hat beispielsweise jedes Materieteilchen ein Spiegelbild. Dieses sogenannte Antimaterieteilchen hat exakt die gleichen Eigenschaften, nur die entgegengesetzte elektrische Ladung. Wenn sich Teilchen und Antiteilchen aber treffen, löschen sie sich aus und geben Strahlung in Form von Photonen frei.

12 Man hat daher die Photonen einzeln nacheinander abgefeuert. Dadurch kann jedes Photon, das auf der anderen Seite ankommt, nur durch den einen oder den anderen Schlitz gehen. Es gibt ja dann nichts zum interferieren. Von wegen. Die einzeln abgefeuerten Photonen bildeten auf der Leinwand mit der Zeit wieder viele Streifen, also das Interferenzmuster. Dann hat man Sensoren angebracht, um zu schauen, durch welchen Schlitz das jeweilige Photon ging. Und siehe da, die einzeln abgefeuerten Photonen bildeten auf der Leinwand mit der Zeit wieder nur zwei Streifen. Wegen der Messung verhielten sie sich also wieder wie Teilchen.

Daraufhin hat man die Sensoren so angebracht, dass sie erst hinter den Schlitzen kurz vor der Leinwand gemessen haben, durch welchen Schlitz das jeweilige Photon ging. Und das schlug dem Fass den Boden aus. Wegen der Messung verhielten sie sich wieder wie Teilchen. Aber wie konnten die Photonen beim Durchgang durch den Schlitz wissen, dass sie später gemessen werden? Sie finden das wild? Das ist noch nicht alles. Die Forscher fanden mittels sogenannter verschränkter Partnerteilchen einen Trick, wie die Messung erst nach dem Aufprall der Photonen auf der Leinwand vorgenommen wurde. Wieder verhielten sich die Photonen beim Durchgang durch den Schlitz so, als wüssten sie, ob sie später gemessen wurden. Letzteres Experiment wurde dann auf eine Weise wiederholt, bei der zwar eine Messung stattfand, wobei aber das Messergebnis so verschleiert wurde, dass wir es nicht wissen können. Und schon verhielten sich die Photonen wieder wie Wellen.

13 Genau genommen aus Wahrscheinlichkeitsdichten von Eigenschaften. Die Welle ist etwas rein Mathematisches, eine Funktion, die die Form einer Welle beschreibt. Wenn man diese Funktion quadriert, erhält man die Aufenthaltswahrscheinlichkeit.

14 Trifft ein Wellenberg auf einen Wellenberg, so entsteht ein höherer Berg. Bei Tal auf Tal, ein tieferes Tal. Trifft hingegen ein Berg auf ein Tal löschen sich beide gegenseitig aus.

15 Diese sind tatsächlich spektakulär und lassen das Physikerherz höherschlagen. Wenn ein Teilchen alle Wege gleichzeitig nimmt und diese sich größtenteils selbst auslöschen, so drückt man das mathematisch mit dem Feynmanschen Pfadintegral aus, dass gewissermaßen alle unendlich vielen Wege aufsummiert und so miteinander verrechnet. Bringt man dies mit Einsteins spezieller Relativitätstheorieformel $E = mc^2$ (genauer $E^2 = m^2c^4 - p^2c^2$) zusammen, ergibt sich auf wundersame Weise, dass nur quantisierte Lösungen möglich sind.

16 Genauer gesagt in der Raumzeit.

17 Genauer gesagt müsste man von Raumzeitpunkten sprechen.

18 Diese Position wird in der Philosophie als Strukturenrealismus bezeichnet.

19 Die beiden Varianten werden als epistemischer bzw. ontologischer Strukturenrealismus bezeichnet. Es gibt auch eine vermittelnde Position, die besagt: Es gibt Objekte, diese besitzen jedoch keine Wesenseigenschaften, sondern gewinnen ihre Eigenart erst durch ihr Verhältnis zu anderen Objekten.

20 Manche Physiker halten die Frage für in sich unsinnig. Einst forderte sogar der berühmte Richard Feynman seine Forscherkollegen dazu auf, sich bei der

Frage, was Quanten sind, nicht unnötig in philosophische Diskussionen zu verstricken. Dies soll er mit den berühmten Worten »shut up and calculate« getan haben. Aber was bedeutet es, zu schweigen und zu rechnen? Es bedeutet die Rückbesinnung auf das Untersuchen von Eigenschaften. Und genau das führt geradewegs zu der offenen Frage, ob diese Eigenschaften alleine existieren, oder ob etwas sie hat, das uns unzugänglich ist. Diese Frage ist somit nicht Gegenstand der Physik, aber notwendigerweise der Philosophie.

21 Für Kenner mag dies wie eine Anlehnung an die Wortschöpfungen »Wirks« oder »Passierchen« des Physikers Hans-Peter Dürr erscheinen. Eine Nähe zu dessen vertretenen Positionen soll damit *nicht* hergestellt werden.

22 Dies hat damit zu tun, dass er in Zusammenhang mit dem Entropiebegriff steht. Dieser beschreibt gewissermaßen die Unordnung in einem System von *vielen* Teilchen (z.B. Gas aus Milliarden Molekülen). Information bildet dabei eine Verknüpfung zwischen Entropie und Wahrscheinlichkeit. Die fehlende Information eines abgeschlossenen Systems ist dabei die gewichtete Summe der Logarithmen von Zustandswahrscheinlichkeiten.

23 Tatsächlich fragen manche Forscher sogar, ob so eine Hyperinformatikerin eventuell ihrerseits in einer Hyper-Hyper-Computersimulation lebt und wie viele solch höherer Ebenen existieren könnten. Dies würde aber für die folgende Argumentation keinen prinzipiellen Unterschied machen.

24 Aphorismus des deutschen Physikers Georg Christoph Lichtenberg (1742–1799).

25 Genauer gesagt ist die Lichtgeschwindigkeit das Tempolimit für kausale Wechselwirkungen. Es gibt diverse Phänomene, bei denen höhere Geschwindigkeiten vorkommen. Diese sind jedoch nicht kausal. Insbesondere lässt sich mittels solcher Phänomene keine Information übertragen.

26 Genauer gesagt wird die Raumzeit gekrümmt, denn auch die Zeit wird verzerrt, wodurch Effekte wie die gravitative Zeitdehnung entstehen.

27 Genauer: Die Raumzeit.

28 Bei den daraus resultierenden 100 % sind Materie und Energie zusammengefasst. Das ist aufgrund von Einsteins berühmter Gleichung $E = mc^2$ möglich. Denn c^2 (Quadrat der Lichtgeschwindigkeit) ist eine Konstante. Das bedeutet, dass Energie und Masse bis auf einen konstanten Faktor das gleiche sind, bzw. sich physikalisch ineinander umwandeln lassen.

29 So gibt es einerseits Forscher, die anzweifeln, dass die Messergebnisse zur kosmischen Expansion richtig interpretiert wurden. Zum anderen zeigte ein Experi-

ment in Italien ein Ergebnis, das sich mit der Existenz von Dunkler Energie erklären ließe. Es bleibt in beiden Fällen fraglich, inwieweit es sich hier um Indizien gegen bzw. für Dunkle Energie handelt.

Unter Wölfen

30 Die verschiedenen Identitäten sind real. Zum einen zeigen sich mittels neuronaler Bildgebungsverfahren prinzipielle Unterschiede bei einem Vergleich der Betroffenen mit Schauspielern, die in eine Rolle (oder sogar die Rolle einer multiplen Persönlichkeit) eintauchen. Zum anderen zeigte sich, dass eine Frau, die in einem ihrer Persönlichkeitszustände angab, blind zu sein, dort tatsächlich keine Aktivität in ihrem visuellen Kortex aufwies.

31 Die aktuelle Forschung kann nicht erklären, wie der Prozess abläuft, bei dem sich ein unbestimmtes Teilchen übergangslos zu einem konkreten Teilchen manifestiert. Dies ist das berühmte »Messproblem der Physik«. In diesem Zusammenhang spielten Gedankenexperimente namhafter Physiker wie beispielsweise Erwin Schrödinger (»Schrödingers Katze«) und Eugene Wigner (»Wigner's Friend«) eine Rolle.

32 Diese Variante des Dualismus wird als Epiphänomenalismus bezeichnet.

33 Prominente Beispiele sind der österreichische Physiker und Nobelpreisträger Anton Zeilinger oder der aus Funk und Fernsehen bekannte Physiker und Philosoph Harald Lesch.

34 Dieses Theorem des österreichischen Mathematikers Kurt Gödel besteht aus zwei Teilen. Der erste besagt, dass es in allen hinreichend starken widerspruchsfreien Systemen unbeweisbare Aussagen gibt. Der zweite Unvollständigkeitssatz besagt, dass hinreichend starke widerspruchsfreie Systeme ihre eigene Widerspruchsfreiheit nicht beweisen können.

Rose ist eine Rose ist eine Rose ist eine Rose

35 Wenn Ihnen das alles klar ist, können Sie auch schauen, ob Ihnen folgende Sätze einleuchten: »Sein ist jeweils das Sein eines Seienden«, jedoch nicht darauf reduzierbar: »Das Sein des Seienden ›ist‹ nicht selbst ein Seiendes.« Eine Suche nach dem Sein fördert somit immer nur Seiendes zutage. Allerdings bleibt das Sein als kontextueller Hintergrund die Voraussetzung dafür, dass Seiendes ist.

36 Eingefleischte Mathematiker mögen angesichts dieser etwas lapidaren Definition nachsichtig sein.

37 Nennen wir die beiden geraden Zahlen G_1 und G_2, sowie H_1 und H_2 deren Hälfte. Dann gilt: $G_1 = 2H_1$ und $G_2 = 2H_2$. Dann ist der Summe $G_1 + G_2 = 2H_1 + 2H_2$. $= H_1 + H_1 + H_2 + H_2 = H_1 + H_2 + H_1 + H_2 = 2(H_1 + H_2)$ und folglich durch 2 teilbar.

38 Wenn Sie Experte sind, werden Sie zu Recht fragen, ob man das in dieser Deutlichkeit sagen kann. Man könnte ja auch konstatieren, dass es dermaßen triftige Gründe gibt, gerade Zahlen zu definieren, dass man fast schon keine Wahl hat. Kann man da noch von Erschaffen reden oder müsste man hier nicht eher von Entdecken sprechen? In der Tat handelt es sich hier um eine verkürzte Darstellung, um einer Vereinfachung willen. Allerdings wird sich dies weiter klären, wenn wir im nächsten Abschnitt über »Bedeutung geben« und »Bedeutung haben« sprechen.

39 Als Experte werden Sie auch hier fragen, ob das die ganze Wahrheit ist. Wenn man nämlich einen mathematischen Satz formuliert, heißt das nicht nur, dass man eine richtige Aussage entdeckt und in Worte fasst. Es heißt auch, dass man innerhalb der schier unendlichen Fülle aller möglichen (komplexen oder trivialen) richtigen Aussagen diese eine auswählt und ihr den Status »Satz« zuspricht. Diese Auswahl trifft man anhand von bestimmten Eigenschaften und deren Bedeutung. Dies ist allerdings wie bei der Definition und die war vor allem erschaffen. Auch hier zeigt sich also eine verkürzte Darstellung, um einer Vereinfachung willen. Allerdings wird sich auch dieser Punkt von selber klären, wenn wir im nächsten Abschnitt über »Bedeutung geben« und »Bedeutung haben« sprechen.

40 Für Experten: Beim Beweis kann man (klarer als bei Definition und Satz) sagen, dass er entdeckt und nicht erschaffen wurde. Jedoch basiert die Mathematik auf Bewiesenem. Das bedeutet, dass Definitionen u.a. so angelegt werden, dass sich Beweise ausgehen. Damit ist der Prozess des Beweisens oft nicht vollständig von dem Erschaffen der Definitionen zu trennen.

41 Sie basieren auf Wirkchen-Konstellationen. Entweder diese Konstellationen erzeugen Dinge der Außenwelt, oder via Gehirn Inhalte der Innenwelt. Alle Wirkchen-Konstellationen zerfallen irgendwann und damit ihre Eigenschaften.

42 Dies führt zu der sprachlichen Besonderheit, dass das Sein nichts Seiendes ist. Denn sonst wäre es ja vergänglich. Daher sagt Martin Heidegger »Es gibt Sein« anstatt »das Sein ist«.

43 Auch deskriptive oder empirisch-deskriptive Aussage genannt.

44 Gemeint sind durch empirisch-induktive Schlussweise belegte Aussagen.

45 Gemeint sind durch logisch-deduktive Schlussweise belegte Aussagen.

46 Dies ist das zweite der fünf Peano-Axiome (benannt nach dem Mathematiker Guiseppe Peano), welche die natürlichen Zahlen und ihre Eigenschaften charakterisieren. Die übrigen lauten: 1.) 0 ist eine natürliche Zahl. 3.) 0 ist kein Nachfolger einer natürlichen Zahl. 4.) Natürliche Zahlen mit gleichem Nachfol-

ger sind gleich. 5.) Enthält die Menge X die 0 und mit jeder natürlichen Zahl n auch deren Nachfolger n‘, so bilden die natürlichen Zahlen eine Teilmenge von X.

47 Wenn Sie diese interessieren, schauen Sie nach Korrespondenztheorie, Kohärenztheorie, Konsenstheorie, Primitivismus und Pragmatismus.

48 Genauer müssten man »wahrscheinlich nein« sagen, da es eine weniger populäre, aber mögliche Interpretation der Quantenmechanik namens »Superdeterminismus« gibt, bei der die Antwort »ja« lauten müsste. Das würde dann freien Willen aber komplett ausschließen.

49 Mikrotubuli sind extrem kleine unverzweigte Röhren von etwa 0,025 µm Durchmesser. Im Gehirn sind sie an der Signalübertragung innerhalb der Zelle beteiligt. Sie können Signalmoleküle und Rezeptoren an spezifische Orte innerhalb der Zelle transportieren, um Signalwege zu modulieren. In Synapsen unterstützen Mikrotubuli den Transport von Neurotransmitter-Vesikeln und anderen synaptischen Komponenten.

50 Wie etwa den Stringtheoretiker Michio Kaku oder den Mathematiker, Physiker und Nobelpreisträger Roger Penrose.

51 Nach deutschem Strafrecht ist Schuld eine der drei Voraussetzungen zur Überprüfung der Strafbarkeit. Schuld wird dabei als Ursache von etwas Unangenehmem, Bösem, eines Unglücks oder eines Verstoßes gegen Recht, Werte, Normen und Sitten verstanden.

52 Wer das kollektive Wohlbefinden beeinträchtigt, wird sanktioniert. Auch ohne freien Willen (und damit ohne Verantwortung) kann Schuld weiterhin im Strafrecht fungieren. Für die Bemessung der Schuld können sich dabei Gesichtspunkte von Kenntnis/Unkenntnis und Wollen/Nichtwollen auswirken. Umstände wie Nichtwollen oder Nichtwissen eines Täters können gleichermaßen strafmildernd von der Justiz bewertet werden. Wenn jemand einen Schaden nicht wollte oder um eine Gefahr nicht wusste, kann man eine geringere Strafe ansetzen, da eine Wiederholungstat unwahrscheinlicher ist.

53 Dieser Weltentwurf macht gleichzeitig andere Möglichkeiten des Erlebens und Handelns vorstellbar. Für Luhmann ist dies die Funktion der Sinnbildung. Sinn ist für ihn »die Einheit der Differenz von Aktualität und Potentialität«. Das heißt, Sinn beginnt beim tatsächlichen Erleben, Ordnen und Handeln im aktuellen Moment. Dieses unterscheidet sich von potenziell möglichen Erlebnis-, Ordnungs- und Handlungsalternativen. Und doch ist beides eine Einheit, denn die

möglichen Alternativen bilden den Hintergrund, vor dem das tatsächliche Erleben, Ordnen und Handeln erst seine Bedeutung gewinnt.

Die Gretchenfrage

54 Zum Beispiel »beweist« der Physiker Sean Carroll anhand so genannter Feynman-Diagramme, dass es kein Leben nach dem Tod geben kann. Sinngemäß sagt er: Wenn die Quantenfeldtheorie stimmt, kann es eine solche Substanz, aus der die weiterlebende Seele besteht, nicht geben. Lustigerweise widerspricht er dabei explizit dem Neurochirurgen Eben Alexander, der in seinem Buch »Proof of Heaven« das Gegenteil »beweist«.

55 Die Frage ist ernsthafter als sie klingt. Sie ist selbstreferenziell, so wie beispielsweise der Satz: »Dieser Satz ist falsch.« Dieses Phänomen erzeugt Widersprüche, die zum Beispiel der berühmte Mathematiker Kurt Gödel nutzte, um sein berühmtes Unvollständigkeitstheorem zu beweisen. Offenbar erzeugt ein allmächtiger Gott auch genau diesen Widerspruch.

56 Kant meinte gewissermaßen, dass eine Handlung dann gut ist, wenn sich alle immer so verhalten sollten. Er formulierte dies unter anderem so: »Handle nur nach derjenigen Maxime, durch die du zugleich wollen kannst, dass sie ein allgemeines Gesetz werde.«

Die Unendliche Geschichte

57 Dies ist u.a. Gegenstand der Stringtheorie. Dort spricht man von verschiedenen »Landscapes«.

58 Oder auch eine andere Eigenschaftswahrscheinlichkeit, bevor diese gemessen wird.

59 Auch konnte der Mathematiker, Physiker und Informatiker Stephen Wolfram beweisen, dass man prinzipiell nicht durch schlaues Nachdenken herausfinden kann, was der Ablauf des Programms für Ergebnisse liefert (computational irreducability). Wenn das auch für unser Universum gilt, bedeutet das, dass wir keinen Computer bauen können, der uns unsere Zukunft vorausberechnen kann. Er müsste dazu alle Schritte des Universums selber machen, dabei aber schneller arbeiten als das Universum, was aber innerhalb des Universums natürlich nicht geht. Andererseits lässt sich mathematisch beweisen, dass es aber Teilstrukturen gibt, bei denen man durch schlaues Nachdenken herausfinden kann, was der Ablauf des Programms für Ergebnisse liefert (computational reducability). Dies erklärt, warum wir bestimmte Teilabläufe unseres Universums (z.B. Planetenbahnen) durchaus vorausberechnen können.

60 Der Beweis würde hier zu viel Platz verbrauchen. Unter dem Stichwort »Hibert's Hotel« findet man ihn überall im Internet als Text, Podcast oder Video.

61 Um ganz genau zu sein, müsste man sogar von lokalen Konstellationen sprechen oder Konstellationen mit endlich vielen Teilchen.

62 Es wäre tatsächlich denkbar, dass wir bei einem Maxiversum ohne Unendlichkeit auskommen. Unter bestimmten Umständen würde nämlich sogar »fast unendlich« genügen, damit sich alle möglichen Konstellationen realisieren. Fast unendlich? Da drehen sich Newton und Leibniz – die Erfinder der Infinitesimalrechnung – im Grabe herum. Das klingt nach »nah dran an unendlich«. Aber jede noch so große Zahl ist immer noch unendlich weit entfernt von unendlich. Was soll da »fast unendlich« bedeuten? Denken wir wieder ans Kniffeln. Die Zahl der Würfe muss nur sehr sehr viel höher sein als die Zahl der Konstellationen. Dann realisieren sich alle Konstellationen sehr wahrscheinlich. Wenn wir »fast unendlich« sagen, meint das, so oft, dass wir uns fast sicher sein können. Mathematiker sagen zu »fast unendlich« lieber »beliebig groß«. Das meint eben gerade, dass man für jeden Bedarf eine endliche Zahl findet, die groß genug ist. Mathematisch lassen sich beliebig große Zahlen leicht erzeugen. Nehmen Sie $10^{10^{10}}$. Wenn Sie es ausschreiben, wäre das eine 1 mit Zehnmilliarden Nullen hinten dran. Das entspricht ungefähr fünfzigtausend Mal soviel Zeichen, wie in diesem Buch stehen. Aber wenn Mathematiker es als $10^{10^{10}}$ schreiben, ist es klein, sieht hübsch aus und ist praktisch beim Rechnen. Außerdem geht es ja auch nur ums Prinzip. Wir wollen ja zeigen, dass theoretisch auch ein endliches Maxiversum denkbar ist. Wenn alles quantisiert ist, reicht theoretisch auch ein »fast unendliches Maxiversum«, damit sich (fast sicher) ALLES was logisch möglich ist, auch tatsächlich realisiert. Auf diese Weise kann man einem mathematischen Problem entkommen. Es lässt sich nämlich beweisen, dass ein unendliches Universum nicht aus etwas Endlichem entstehen kann. Wenn wir also ein unendliches Maxiversum wollen, muss das immer schon unendlich gewesen sein. Neuester Forschung zufolge kann es allerdings sein, dass wenn die Vereinheitlichung von Quantenfeldtheorie und allgemeiner Relativitätstheorie gelingt, wir ein Verständnis von Raum und Zeit bekommen, das es fraglich erscheinen lässt, ob das besagte mathematische Theorem für die Bedingungen nahe dem Urknall überhaupt anwendbar ist.

Die Hängenden Gärten der Semiramis

63 Symmetrie liegt in der Physik zum Beispiel allen Erhaltungssätzen (z.B. Energie-Erhaltungssatz) zugrunde. In der Kunst ist sie ein herausragendes Merkmal, das den Werken Struktur und Balance verschafft.

64 Das prominenteste Beispiel dafür ist möglicherweise, dass es nach dem Urknall eine winzige Asymmetrie gegeben haben muss, aufgrund derer nicht mehr jedes Materie-Teilchen ein Antimaterie-Teilchen gefunden hat. Dadurch blieb ein kleiner Teil an Materie übrig, aus dem unser konkretes Universum samt uns selbst besteht.

65 Weisen die Pattsituationen diese symmetrische Gestalt nicht nur dadurch auf, weil man es so sehen will? Sicher! Hier sind wir nun an einer entscheidenden Stelle angelangt. Die Kunst kann uns leiten und zu einem tieferen Verständnis führen. Jedes Kunstwerk bekommt seine Bedeutung dadurch, dass wir es auf eine bestimmte Weise sehen wollen. Meist versuchen wir zwar, der Sichtweise des Künstlers nahzukommen. Wir fragen uns beispielsweise, was will uns der Künstler mit seinem Werk sagen, und nehmen dann diesen Blickwinkel ein. Aber natürlich kann man alles mögliche in einem Werk sehen, wenn man will. Ein Kunstwerk ist ein Gemenge von Informationen. Es ist an uns, welches Bild wir uns angesichts dieser Gemengelage machen. Und das ist nun genauso wie in der Naturwissenschaft und der Philosophie. Wir suchen stets das Bild, das die meisten Informationen aus dem Gemenge schlüssig zusammenfügt. Der Unterschied zwischen Naturwissenschaft, Philosophie und Kunst besteht dabei in der Frage, was »schlüssig« meint. Rational oder emotional schlüssig? Subjektiv oder objektiv? Aber in allen drei Fällen geht es um ein möglichst schlüssiges Gesamtbild. Es ist wieder wie der Blick in die Wolken. Ob wir darin einen Hund oder etwas anderes sehen, hängt davon ab, wie sich die Informationen am schlüssigsten verbinden. Und jetzt erkennen wir, wie sich das gesamte Rosenkapitel für Naturwissenschaft, Philosophie und Kunst erneut aufrollt. Wir geben Eigenschaften Bedeutung und dadurch entstehen Dinge (Seiendes). Das genau meint, »betrachten als …«. Es ist daher völlig in Ordnung, die symmetrische Gestalt der Pattsituationen sehen zu wollen. Jegliche Symmetrie zeigt sich nur, wenn man diejenigen Eigenschaften als bedeutungsvoll ansieht, die die Symmetrie erzeugen. Wenn man diese außer Acht lässt, erscheint sie nicht.

66 Eine mit Einsteins Erkenntnissen kompatible Möglichkeit, eine schon existierende Zukunft zu umgehen, besteht darin, die Gegenwart jenseits der unmittelbar eigenen Erfahrung zu bestreiten. Das würde aber nach sich ziehen, dass es keine Vergangenheit jenseits derjenigen gibt, die mit uns interagiert. Dies wiede-

rum bedeutet, dass die eigene Erfahrung das einzige ist, von dem wir wissen können, dass es existiert. Man kann auch Einsteins Erkenntnisse kompatibel machen mit einem Universum, das jenseits des eigenen Ichs existiert, und ohne eine schon bestehende persönliche Zukunft auskommt. Die Quantenmechanik sagt, dass alles außerhalb der mit uns interagierenden Vergangenheit sowie auch Unbeobachtetes innerhalb dieser sich in einem unbestimmten Zustand befindet bis zur Beobachtung. Dann muss man nur noch davon ausgehen, dass alle möglichen Realitäten gleichzeitig existieren und bis in die Zukunft hinein bestehen.

67 Dies verletzt das logische Prinzip, dass ein Satz und dessen Gegenteil nicht zugleich zutreffen können. In der Philosophie nennt man dies den Satz vom Widerspruch oder Satz vom ausgeschlossenen Widerspruch.

68 Man kommuniziert mit den Betroffenen dabei über verschiedene Kanäle. Also zum Beispiel über den Kanal des Hörens/Sprechens und über den des Sehens/Malens. Dabei erhält man teils konträre Antworten zu Themen wie beispielsweise Glaube, Berufswunsch, Vorlieben, etc.

69 Der Monismus ist eine philosophische Position, die davon ausgeht, dass sich alle Phänomene der Welt auf ein einziges Grundprinzip zurückführen lassen. Dies ist eine Gegenpositionen zum Dualismus und Pluralismus, die zwei bzw. viele Grundprinzipien annehmen.

70 Dies gilt nur für die alltags übliche Definition innerhalb des Rings der ganzen Zahlen. Beispielsweise nicht gemeint ist ein Restklassenring modulo einer positiven ganzen Zahl n als eine Abstraktion der Klassifikation ganzer Zahlen hinsichtlich ihres Restes bei der Division durch n.

71 Gläubige Menschen werden nun vielleicht sagen, dass Logik nur in unserem beschränkten menschlichen Geist existiert. Das Göttliche könnte sich auf eine für uns nicht vorstellbare Weise außerhalb dieser Logik befinden. Das ist nachvollziehbar, aber was bedeutet das? Erinnern wir uns an unsere Wirkchen. Wir hatten gesehen, dass diese Eigenschaften besitzen, wobei unklar ist, ob es sich um ein Nichts handelt, das diese hat, oder ob es ein Etwas ist, das unserer Welt aber prinzipiell unzugänglich ist. Genauso ist es nun mit dem rein Göttlichen. Wir können es als Nichts annehmen oder als Etwas, das unserer Welt prinzipiell unzugänglich ist. In jedem Fall aber ist es nichts (in der Welt) Seiendes. Wir werden noch genauer sehen, was das bedeutet.

72 Der Gott theistischer Religionen ist überwiegend jenseitig. Er wirkt zwar in der Welt (etwa durch Wunder und Offenbarungen), ist jedoch in der Substanz

komplett von ihr verschieden (Dualismus von Schöpfer und Schöpfung). Darin unterscheidet der Theismus sich vom Pantheismus und Panentheismus.

73 Aus Sicht des Panentheismus ist die Welt in Gott enthalten, Gott selbst übersteigt die Welt jedoch. Wir ersetzen hier Welt durch Maxiversum.

74 Im Pantheismus werden Gott und Natur gleichgesetzt. Natur verstehen wir hier als Maxiversum.

75 Es geht dabei um den sogenannten Casimir-Effekt. In einem Vakuum entsteht zwischen zwei Metallplatten eine schwache Kraft, die diese zusammenschiebt. Diese entsteht durch die virtuellen Teilchen.

76 Die Apologie des Sokrates ist Platons literarisch aufgearbeitete Verteidigungsrede, die Platons Lehrer Sokrates vor dem athenischen Volksgericht hielt, als er im Jahr 399 v. Chr. wegen Gottlosigkeit und Verführung der Jugend angeklagt wurde.

77 Die Grafik wird auch als Penrose-Dreieck bezeichnet. Penrose verwendet sie u.a., um das Verhältnis zwischen den »drei großen M« zu beschreiben: Mind, Matter & Maths. Er kommt zu dem Schluss, dass sich alles drei in einem Zirkelschluss gegenseitig erzeugt. Dazu müssten die kleinen drei Pfeile eine Kreisbewegung im Uhrzeigersinn vollziehen. Nun ist Penrose Materialist und geht nicht vom Block-Maxiversum aus. Deshalb kann für ihn Materie nicht aus Geist entstehen. Dafür geht er aber davon aus, dass Logik (Maths) Materie erzeugt, was aber möglicherweise nur vordergründig plausibel ist.

78 Wenn es überhaupt eine Antwort gibt, bieten sich für deren Beschaffenheit nur drei Möglichkeiten. 1. Die Antwort könnte *kausaler Natur* sein. Wenn wir aber einen Grund angeben könnten, warum etwas existiert, so bliebe die Frage, warum dieser Grund existiert. Wir geraten damit in eine Endlosschleife, und somit gibt es dann keine abschließende Antwort. 2. Die Antwort könnte auch *kontingenter Natur* (= möglich, aber nicht notwendig) sein. Wenn jedoch gewissermaßen zufällig etwas existiert, bräuchte es nicht da zu sein. Das würde aber wieder die Frage aufwerfen, warum es doch da ist. Und weil letztere ja bei Zufall grundsätzlich unbeantwortbar ist, folgt, dass es dann prinzipiell keine Antwort gibt. 3. Bleibt nur, dass die Antwort *notwendiger Natur* ist. Das bedeutet, dass etwas existieren muss. Wenn es also überhaupt eine Antwort gibt, dann ist dies die einzige Möglichkeit.

79 Wir haben im Zusammenhang mit der Quantentheorie Fluktuationen kennengelernt. Dementsprechend wäre es möglich, dass sich entsprechend des sogenannten Tunneleffekts eine Quanten-Fluktuation bildet, die den Urknall hervorgerufen hat. Die Materie hätte dann die gleiche positive Energie wie die Gravitation

als negativ gerechnete, sodass dabei der Energieerhaltungssatz eingehalten würde. Da Quantenprozesse zufällig sind, gäbe es allerdings auf unsere Warum-Frage prinzipiell keine Antwort.

80 Bilder zur Genesis sind häufig religiös geprägt und zeigen den Schöpfer und die Schöpfung eher *nach* der Fertigstellung. Ein ganz anderes Bild hingegen verwendet der Mathematiker Eric Weinstein um seine nicht unumstrittene »theory of everything« mit dem Namen »Geometric Unity« zu veranschaulichen. Ausgangspunkt sind dabei mathematische Objekte, die sich gegenseitig erzeugen und damit Existenz zu einer Notwendigkeit werden lassen. Dies vergleicht er mit der Lithographie »Drawing Hands« des holländischen Künstlers M. C. Escher. Sie zeigt zwei Hände, die sich gegenseitig zeichnen und wurde zum ersten Mal im Januar 1948 gedruckt.

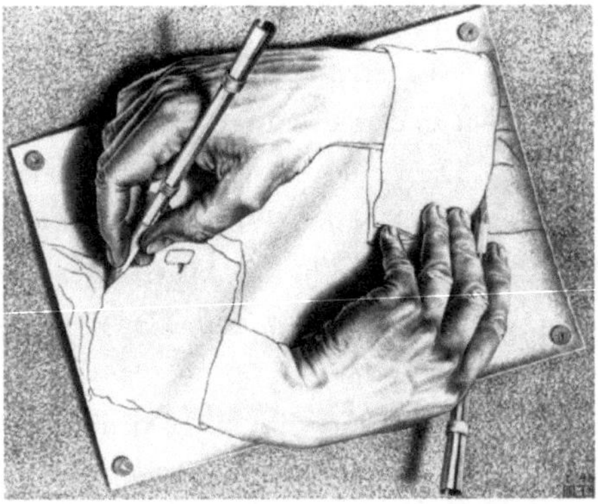

Abb. 55: »Drawing Hands« von Escher

81 Dies ist die Kohärenztheorie der Wahrheit. Sie ist eine Wahrheitstheorie, die die Kohärenz zum Wahrheitskriterium erhebt. Danach ist eine Aussage wahr, wenn sie Teil eines kohärenten Systems von Aussagen ist. Ein bekannter Vertreter ist u.a. Georg Wilhelm Friedrich Hegel.

82 Hier sind die drei berühmten Zitate von Goethes wahrheitssuchendem Faust verarbeitet: »Das also war des Pudels Kern.« »Daß ich erkenne, was die Welt im Innersten zusammenhält.« »Werd ich zum Augenblicke sagen: Verweile doch! Du bist so schön!«

Die Zuckerfee

83 Aus dem Epilog des Theaterstücks »Der gute Mensch von Sezuan« von Bertolt Brecht.

84 Diese wahrheitstheoretische Erkenntnis stammt von dem österreichisch-britischen Philosophen Karl Popper.

85 Die Formulierung geht auf den Philosophen Gerhard Vollmer zurück.

86 Numeriker sind Mathematiker, die sich mit Zahlentheorie beschäftigen. Numerologen hingegen sind Zahlenmystiker, die beispielsweise Vorhersagen über den Lebensweg aus der Zahlenkombination des Geburtsdatums herleiten.

87 Sie wurde schon vor knapp dreihundert Jahren schriftlich dokumentiert in Johann Leonhard Frischs »Teutsch-lateinischem Wörter-Buch« von 1741. Es war wohl u.a. auch in Johann Gottfried Herders Besitz.

88 So beispielsweise Platon, Archimedes, Leonardo Da Vinci, Galileo Galilei, René Descartes, Johann Wolfgang von Goethe, Friedrich Nietzsche, Hermann von Helmholtz, Max Planck, Albert Schweitzer, Sir Roger Penrose und viele andere.

89 Wir erinnern uns an Kugeln, Wellen und Felder als Bilder für Materie, an den Lichtblitz und das Wort »Urknall«, mit dem der Anfang unseres Universums dargestellt wird, an Dissoziation und die Traumwelt von Betroffenen, Split-Brain-Patienten und Siamesische Zwillinge als Veranschaulichung für das idealistische Bewusstseinskollektiv oder an all die diesseitig geprägten Bilder, die sich Menschen von etwas Jenseitigem machen.